O DEMÔNIO FAMILIAR

O DEMÔNIO
FAMILIAR

COLEÇÃO A OBRA-PRIMA DE CADA AUTOR

O DEMÔNIO FAMILIAR
José de Alencar

Texto integral

4ª edição

A ortografia deste livro foi atualizada segundo o Acordo Ortográfico da Língua Portuguesa (1990), que passou a vigorar em 2009.

© *Copyright* desta edição: Editora Martin Claret Ltda., 2003.

Direção	Martin Claret
Produção editorial	Carolina Marani Lima
	Flávia P. Silva
	Marcelo Maia Torres
Projeto gráfico e diagramação	Gabriele Caldas Fernandes
	Giovana Gatti Leonardo
Direção de arte	José Duarte T. de Castro
Capa	Weberson Santiago
Revisão	Maria Regina Machado
Impressão e acabamento	PSI7

Dados Internacionais de Catalogação na Publicação (CIP)
(Câmara Brasileira do Livro, SP, Brasil)

Alencar, José de, 1829-1877.
O demônio familiar / José de Alencar. — 4. ed. — São Paulo:
Martin Claret, 2013. — (Coleção a obra-prima de cada autor; 148)

"Texto integral"
ISBN 978-85-7232-565-3

1. Teatro brasileiro I. Título. II. Série.

12-15093 CDD-869. 92

Índices para catálogo sistemático:

1. Teatro: Literatura brasileira   869. 92

EDITORA MARTIN CLARET LTDA.
Rua Alegrete, 62 – Bairro Sumaré
01254-010 – São Paulo, SP
Tel.: (11) 3672-8144 – Fax: (11) 3673-7146
www.martinclaret.com.br
1ª reimpressão - 2015

Sumário

Prefácio 9

O demônio familiar

Ato I
Em casa de Eduardo. Gabinete de estudo.

Cena I 15
Cena II 19
Cena III 20
Cena IV 21
Cena V 22
Cena VI 23
Cena VII 27
Cena VIII 28
Cena IX 30
Cena X 32
Cena XI 33
Cena XII 35
Cena XIII 41
Cena XIV 42

Ato II
Em casa de Eduardo. Jardim.

Cena I 45
Cena II 47
Cena III 51

Cena IV 52
Cena V 55
Cena VI 58
Cena VII 62
Cena VIII 63
Cena IX 66
Cena X 66

Ato III
Em casa de Eduardo. Sala interior.

Cena I 69
Cena II 72
Cena III 73
Cena IV 74
Cena V 76
Cena VI 79
Cena VII 80
Cena VIII 81
Cena IX 84
Cena X 85
Cena XI 86
Cena XII 90
Cena XIII 90
Cena XIV 92
Cena XV 93
Cena XVI 93
Cena XVII 95
Cena XVIII 97

Ato IV
Casa de Eduardo. Sala de visitas.

Cena I 99
Cena II 99
Cena III 102
Cena IV 103
Cena V 106

Cena VI 107
Cena VII 109
Cena VIII 110
Cena IX 112
Cena X 114
Cena XI 114
Cena XII 115
Cena XIII 118
Cena XIV 120
Cena XV 122
Cena XVI 125
Cena XVII 126

Apêndice

Contextualização da obra 135
Questões de vestibular 143

Prefácio

Sobre a comédia e o riso, o Brasil e seus demônios

Sylvia Telarolli*

José Martiniano de Alencar (Mecejana, Ceará, 1829 — Rio de Janeiro, 1877) é conhecido, sobretudo, como brilhante romancista, que transita à vontade por diferentes espaços e temas abordados pela prosa romântica: a vertente regionalista, a ficção urbana, o romance histórico, o filão indianista. Não é muito divulgada a produção dramática do escritor, ainda hoje insuficientemente conhecida e estudada. Na produção teatral de Alencar, destaca-se a comédia *O demônio familiar* — representada pela primeira vez no Teatro do Ginásio do Rio de Janeiro, em 5 de setembro de 1857 — pelos temas que aborda e também pelo modo como o faz, em linguagem fluente, leve e agradável.

A comédia pode surpreender, exercendo um papel muito sério, pois, como sabiamente diziam nossos antepassados, em antigo provérbio, "é rindo que se dizem as verdades", ou, como afirma o conhecido princípio do cômico, criado por Jean de Santeuil, "*ridendo castigat mores*", que significa: "corrige os costumes sorrindo". Portanto, o riso não é tão inofensivo ou inconsequente quanto podemos pensar em um primeiro momento.

Na verdade, a comédia nem sempre foi muito valorizada comparativamente à tragédia, mas ocupa um lugar importante na tradição literária e cultural do Ocidente, que remonta a suas

---

* Doutora em Literatura Brasileira pela Universidade de São Paulo (USP), é professora livre-docente da Universidade Estadual Paulista Júlio de Mesquita Filho (UNESP).

origens, na Grécia Antiga, 4 ou 5 séculos antes do nascimento de Cristo. E de lá para cá, passando por boa parte da produção cômica europeia, que exerceu forte influência na literatura brasileira, a comédia vem desenvolvendo com perseverança — às vezes de modo mais sutil, às vezes de modo mais direto, ora com mais argúcia, ora com mais agressividade — o velho papel de criticar hábitos e costumes, valores e crenças, a vida política e social, desvestindo mitos, destruindo enganos.

Às vezes a comédia adere aos poderosos e conservadores, procurando restaurar a velha ordem dominante, por meio da ridicularização daquilo que é novo ou desestabilizador e, neste caso, desempenha uma função retrógrada, mas, nem sempre é assim, pode ela cumprir o papel de arauto da mudança, ao trazer uma visão renovadora, expondo o ridículo de hábitos e valores que teimam em permanecer, apesar de serem já ultrapassados.

No Brasil, a comédia ocupa lugar de destaque na tradição teatral, talvez um lugar mais importante mesmo que o da tragédia. Quanto à explicação para isso, há várias suposições, que não vêm ao caso aqui debater, porém, seria importante destacar apenas o modo reincidente como, na vida brasileira, ao longo de diferentes momentos da história, parece haver sempre um fosso, uma enorme distância que separa algumas de nossas instituições (a Igreja, o Estado, os poderes políticos, a escola etc) dos verdadeiros anseios e necessidades das classes mais populares, dos pobres, dos trabalhadores mais humildes, dos desvalidos de maneira geral. Essa espécie de descompasso, esse artificialismo de raiz, de alguma maneira transparece na produção de alguns autores mais lúcidos, de distintas fases da história literária brasileira (como Gregório de Matos, Machado de Assis, Lima Barreto, Graciliano Ramos, dentre muitos outros) e é criticado por meio de situações e personagens que são ridicularizadas também em algumas das nossas comédias.

Após essa breve e necessária introdução, é oportuno voltar a *O demônio familiar*, peça em que Alencar aborda dois temas muito complexos e importantes da vida brasileira, especialmente no momento em que escreve a peça, em meados do século XIX: a situação do escravo no espaço urbano (no caso o Rio de Janeiro, coração da Corte e capital do Império), mais especialmente o escravo agregado à casa e à família, que desfruta de certa intimidade, partilhando da vida privada dos senhores e dos costumes e valores da família burguesa.

O enredo da peça focaliza as peripécias de Pedro, um escravo ainda moço, "cria da casa", como se dizia naquele tempo; em contato muito próximo com a família de Eduardo, jovem estudante de medicina, apaixonado por Henriqueta, uma vizinha, o escravo interfere em muitas situações. Como é comum nas histórias românticas, há vários desencontros amorosos, sempre mediados por Pedro, criatura esperta, ardilosa, às vezes um tanto inconsequente em suas ações e decisões.

Pedro vincula-se a uma velha estirpe de anti-heróis, simpáticos e um tanto malandros, os servos que aparecem em várias comédias — desde a antiguidade grega e latina, passando pela picaresca espanhola, a *commedia dell'arte* italiana, algumas comédias de Shakespeare, dentre outras manifestações chegando até Ariano Suassuna. Tais anti-heróis costumam ser figuras secundárias e não protagonistas, mas, na verdade, eles são quem, com sua vivacidade e inteligência, manipulam e conduzem boa parte da ação das peças. Por serem figuras destituídas de qualquer poder e cuja sorte está à mercê dos senhores, aprendem desde muito cedo a sobreviver por caminhos enviesados e nem sempre respeitam muito as normas da casa. Com isso, criam muitos problemas para si e para os outros; contudo, ao final, costumam sair-se bem e a peça chega a um bom desfecho, um final feliz, como é comum nas comédias.

Sobre os costumes da época, há várias situações saborosas na peça, mostrando como era o namoro em família, os amores dissimulados, os recados e contatos entre os jovens enamorados, situações curiosas para o leitor de hoje, passados mais de 150 anos, mesmo que às vezes a graça seja um tanto prejudicada pelo tom moralista do discurso de Eduardo, defendendo a moral e os bons costumes, premido pela responsabilidade precoce de assumir o papel de patriarca da família, na ausência do pai. Também há tipos engraçados, como Azevedo, homem maçante, que insiste em entremear a língua portuguesa de expressões do francês em suas falas, evidenciando a forte influência que a cultura francesa exercia no Brasil do século XIX e o artificialismo de seus excessos.

O demônio familiar evidencia o talento de José de Alencar para a dramaturgia, reunindo, em quatro atos, situações cômicas e curiosas, em linguagem relativamente simples e amena, um verdadeiro passeio pelo cotidiano da classe social intermediária, que se esboçava, testando seus horizontes, nos centros urbanos que se formavam, revelando um Rio de Janeiro muito diferente e distante do de hoje, que, entretanto, de certa forma, é a matriz do que enfrentamos na atualidade. Assim, fica aqui o convite à leitura da peça.

O DEMÔNIO FAMILIAR

Comédia em 4 atos

Representada pela primeira vez no Teatro Dramático do Ginásio do Rio de Janeiro, em 5 de setembro de 1857.

Personagens

CARLOTINHA
HENRIQUETA
EDUARDO
PEDRO
JORGE
ALFREDO
AZEVEDO
D. MARIA
VASCONCELLOS

Ato I

Uma sala de moço solteiro. No fundo porta larga de uma alcova, na qual se vê um leito com cortinados. À esquerda, duas janelas e uma porta que dá para uma escada; à direita portas interiores. Entre as janelas uma mesa de escrever, cheia de papéis e livros; vê-se nela uma caixa de charutos aberta. À direita, depois da porta, estantes envidraçadas. No fundo e na esquerda, quadros de paisagens. Junto ao proscênio uma cadeira de balanço e uma otomana. As cadeiras estão espalhadas e em desordem; sobre uma vê-se um talmá atirado, sobre outra um par de luvas, uma gravata e um par de botinas; livros no chão. As janelas são vidraças à francesa e estão fechadas. São duas horas da tarde.

EM CASA DE EDUARDO.
GABINETE DE ESTUDO.

CENA I
Carlotinha, Henriqueta

(*Carlotinha abre a porta e entra.*)

CARLOTINHA — Mano, mano! (*Voltando-se para a porta*) Não te disse? Saiu! (*Acenando*) Vem, psiu, vem!

HENRIQUETA — Não, ele pode zangar-se quando souber.

CARLOTINHA — Quem é que vai contar-lhe que nós viemos ao quarto dele? Demais, que tem isso? Os homens não dizem que as moças são curiosas; por isso mesmo devemos não nos importar.

HENRIQUETA — Mas, Carlotinha, não é bonito uma moça entrar no quarto de um moço solteiro.

CARLOTINHA — Sozinha, sim; mas com a irmã não faz mal.

HENRIQUETA — Sempre faz.

CARLOTINHA — Ora! Estavas morrendo de vontade.

HENRIQUETA — Eu não; tu é que me chamaste.

CARLOTINHA — Porque me fazias tantas perguntinhas, que logo percebi o que havia aqui dentro. (*Leva a mão ao coração de Henriqueta.*)

HENRIQUETA (*Corando*) — Carlotinha!...

CARLOTINHA — Está bom, não te zangues.

HENRIQUETA — Não; mas tens lembranças!

CARLOTINHA — Que parecem esquecimentos, não é? Esquecia-me que não gostas que adivinhem os teus segredos.

HENRIQUETA (*Suspirando*) — Não os tenho.

CARLOTINHA — Anda lá!.. (*Voltando-se*) Oh! meu Deus! Que desordem! Aquele moleque não arranja o quarto do senhor; depois mano vem e fica maçado.

HENRIQUETA — Vamos nós arranjá-lo?

CARLOTINHA — Está dito; ele nunca teve criadas desta ordem.

HENRIQUETA (*À meia-voz*) — Porque não quis!

CARLOTINHA — Que dizes?... Cá está uma gravata.

HENRIQUETA — Um par de luvas.

CARLOTINHA — As botinas em cima da cadeira.

HENRIQUETA — Os livros no chão.

CARLOTINHA — Ah! Agora pode-se ver!

HENRIQUETA — Não abrimos a janela?

CARLOTINHA — É verdade. (*Abre a primeira janela.*)

HENRIQUETA — Daqui vê-se a minha casa; olha!

CARLOTINHA — Pois agora é que sabes? Nunca viste mano Eduardo nesta janela?

HENRIQUETA (*Confusa*) — Não; nunca.

CARLOTINHA — Fala a verdade, Henriqueta! (*Encostam-se ambas à janela.*)

HENRIQUETA — Já te disse que não; se vi, não me lembra. Há tanto tempo que esta janela não se abre!

CARLOTINHA — Bravo! Depois não digas que são lembranças minhas.

HENRIQUETA — O quê? O que disse eu?

CARLOTINHA — Nada; traíste o teu segredo, minha amiguinha. Se tu sabes que esta janela não se abre, é porque todos os dias olhas para ela.

HENRIQUETA — Pois não...

CARLOTINHA — Para que procuras esconder uma coisa que teus olhos estão dizendo? Tu choras!.. Por quê? É pelo que eu disse? Perdoa, não falo mais em semelhante coisa.

HENRIQUETA — Sim, eu te peço, Carlotinha. Se soubesse o que eu sofro...

CARLOTINHA — Como! Meu irmão é tão indigno de ti, Henriqueta, que te ofendes com um simples gracejo a seu respeito?

HENRIQUETA — Eu é que não sou digna dele; não mereço nem mesmo por tua causa, uma palavra de amizade! Trata-me com um desprezo!

CARLOTINHA — Que dizes! Mano Eduardo te trata mal?

HENRIQUETA — Mal, não; mas com indiferença, com uma frieza!... Às vezes nem me olha.

CARLOTINHA — Mas antes, quando nos visitavas mais a miúdo, e passavas dias conosco, ele brincava tanto contigo!

HENRIQUETA — Sim; porém, um dia, tu não reparaste, talvez; eu me lembro... ainda me dói! Um dia vim passar a tarde contigo, e durante todo o tempo que estive aqui ele não me deu uma palavra.

CARLOTINHA — Distração! Não foi de propósito.

HENRIQUETA — Oh! foi! Desde então essa janela nunca mais se abriu. Agora posso dizer-te tudo... Eu o via do meu quarto a todas as horas do dia; de manhã, apenas acordava, já ele estava; antes de jantar, quando ele chegava, eu o esperava; e à tarde, ao escurecer.

CARLOTINHA — E nunca me disseste nada!

HENRIQUETA — Tinha vergonha. Hoje mesmo se não adivinhasses, se eu não me traísse...

CARLOTINHA — Deixa estar que hei de perguntar-lhe a razão disto.

HENRIQUETA — Eu te suplico! Não lhe digas nada. Para quê? Sofri dois meses, sofri como tu não fazes ideia. Uns versos sobretudo que ele mandou fizeram-me chorar uma noite inteira.

CARLOTINHA — Mas por isso mesmo! Não quero que ele te faça chorar. Hei de obrigá-lo a ser para ti o mesmo que era.

HENRIQUETA — Agora... É impossível!

CARLOTINHA — Por quê?

HENRIQUETA — Não tenho coragem de dizer; e, entretanto, vim hoje só para dar-te parte e para... despedir-me desta casa.

CARLOTINHA — Vais fazer alguma viagem?

HENRIQUETA — Não, mas vou... (*Ouve-se subir a escada.*)

CARLOTINHA (*Assustada*) — É ele! É mano!

HENRIQUETA — Ah! (*Correndo*) Meu Deus!

CARLOTINHA — Depressa! Corre! Depressa! (*Saem*)

CENA II
Eduardo, depois de Carlotinha

EDUARDO (*Entrando pela esquerda*) — Pedro!... Moleque!... O brejeiro anda passeando, naturalmente!(*Chegando à porta da direita*) Pedro!

CARLOTINHA — O que quer, mano? Pedro saiu.

EDUARDO — Onde foi?

CARLOTINHA — Não sei.

EDUARDO — Por que o deixaste sair?

CARLOTINHA — Ora! Há quem possa com aquele seu moleque? É um azougue, nem à mamãe tem respeito.

EDUARDO — Realmente é insuportável, já não o posso aturar. Quando o procuro anda sempre na rua. (*Pedro entra correndo.*)

CENA III
Os mesmos, Pedro

PEDRO — Senhor chamou?

EDUARDO — Onde andava?

PEDRO — Fui ali na loja da esquina.

EDUARDO — Fazer o quê? Quem lhe mandou lá?

CARLOTINHA — Foi vadiar; é só o que ele faz.

PEDRO — Não, nhanhã; fui comprar soldadinho de chumbo.

EDUARDO (*Sorrindo*) — Ah! O senhor já brinca com soldados de chumbo?... Corra, vá chamar-me um tílburi na praça; já, de um pulo.

PEDRO — Sim, senhor.(*Sai correndo.*)

CENA IV
Eduardo, Carlotinha

CARLOTINHA — Onde vai, mano?

EDUARDO — Vou ao Catete ver doente; volto já.

CARLOTINHA — Eu queria falar-lhe.

EDUARDO — Quando voltar, menina.

CARLOTINHA — E por que não agora?

EDUARDO — Tenho pressa, não posso esperar. Queres ir hoje ao Teatro Lírico?

CARLOTINHA — Não, não estou disposta.

EDUARDO — Pois representa-se uma ópera bonita. (*Enche a carteira de charutos*) Canta a Charton. Há muito tempo que não vamos ao teatro.

CARLOTINHA — É verdade; mas quem nos acompanha é você, e seus trabalhos, sua vida ocupada... Depois, mano, noto que anda triste.

EDUARDO — Triste? Não, é meu gênio; sou naturalmente seco; gosto pouco de divertimentos.

CARLOTINHA — Mas houve um tempo em que não era assim; brincávamos, passávamos as noites a tocar piano e a conversar; você, Henriqueta e eu. Lembra-se?

EDUARDO — Se me lembro!... (*Com volubilidade*) Estava formando há pouco, não tinha clínica. Hoje falta-me o tempo para as distrações. (*Pedro entra.*)

CENA V
Os mesmos, Pedro

PEDRO — Está aí o tílburi, sim, senhor; carro novo, cavalinho bom.

EDUARDO — Bem, agora veja se larga-se outra vez. Quero tudo isto arrumado, no seu lugar; não me toque nos meus livros; escove-me esta roupa. Respeite-me os charutos. Quem (*olhando*) abriu aquela janela?

CARLOTINHA — Fui eu, mano. Fiz mal?

EDUARDO — Não gosto que esteja aberta; o vento leva-me os papéis. (*A Pedro*) Fecha!

CARLOTINHA — Você outrora gostava de passar as tardes ali, fumando ou lendo.

EDUARDO — Até logo, Carlotinha. Moleque, não saia. (*Dirige-se à porta.*)

CARLOTINHA — Ouça, mano!... Não quer ver Henriqueta?

EDUARDO — Ah!... Há muito tempo não te visitava!

CARLOTINHA — Por isso mesmo, venha falar-lhe.

EDUARDO (*Depois de alguma hesitação*) — Não; já me demorei mais do que pretendia. (*Sai.*)

CARLOTINHA — Escute!

CENA VI
Pedro, Carlotinha

PEDRO — Sr. Moço Eduardo pensa que a gente tem perna de pau e não precisa andar!

CARLOTINHA (*Despeitada*) — Fecha aquela porta!

PEDRO (*Voltando*) — Então, nhanhã, vosmecê não recebe aquele bilhete, não?

CARLOTINHA — Moleque! Tu estás muito atrevido!...

PEDRO — Pois olhe, nhanhã; o moço é bonito, *petit-maitre* mesmo da moda!... Mais do que Sr. moço Eduardo. Xi!... Nem tem comparação!

CARLOTINHA — Não o conheço!

PEDRO — Pois ele conhece nhanhã; passa aqui todo o dia. Chapéu branco de castor, desse de aba revirada; chapéu fino; custa caro! Sobrecasaca assim meio recortada, que tem um nome francês; calça justinha na perna; bota do Dias; bengalinha desse bicho, que se chama *unicorne*. Se nhanhã chegar na janela depois do almoço há de ver ele passar, só gingando: (*Arremeda*) Tchá, tchá, tchá... Hum!... Moço bonito mesmo!

CARLOTINHA — Melhor para ele; não faltará a quem namore.

PEDRO — Não falta, não; mas ele só gosta de nhanhã. Quando passa, nhanhã não vê; mas eu cá de baixo, estou só espreitando; vai olhando para trás, de pescocinho torto! Porém nhanhã não faz caso dele!

CARLOTINHA — É um desfrutável! Está sempre a torcer o bigode!

PEDRO — É da moda, nhanhã! Aquele bigodinho, assim enroscado, onde nhanhã vê, é um anzol; anda só pescando coração de moça.

CARLOTINHA — Moleque, se tu me falares mais em semelhante coisa, conto a teu senhor. Olha lá!

PEDRO — Está bom, nhanhã; não precisa se zangar. Eu digo ao moço que nhanhã não gosta dele, que ele tem uma cara de frasquinho de cheiro.

CARLOTINHA — Dize o que tu quiseres, contanto que não me contes mais histórias.

PEDRO — Mas agora como há de ser!... Ele me deu dez mil-réis.

CARLOTINHA — Para quê?

PEDRO — Para entregar bilhete a nhanhã. (*Tira o bilhete*) Bilhetinho cheiroso; papel todo bordado!

CARLOTINHA — Ah! Se mano soubesse!

PEDRO — Ele é amigo de Sr. moço Eduardo.

CARLOTINHA — Nunca vem aqui!

PEDRO — Oh! se vem; ainda ontem; por sinal que me perguntou se já tinha entregado.

CARLOTINHA — E tu que respondeste?

PEDRO — Que nhanhã não queria receber.

CARLOTINHA — E por que não restituíste a carta?

PEDRO — Porque a carta veio com os dez mil-réis... e eu gastei o dinheiro, nhanhã.

CARLOTINHA — Ah! Pedro, tu sabes em que te meteste?

PEDRO — Mas que tem que nhanhã receba! É um moço mesmo na ordem!

CARLOTINHA (*Indecisa*) — Não!.. não devo! (*Volta-lhe as costas; chega-se à estante e escolhe um livro.*)

PEDRO — Nhanhã não há de ser freira!... (*Mete a carta no bolso sem que Carlotinha o perceba; e murmura*) Entregue esta a ela!

CARLOTINHA — Que dizes?

PEDRO — Nada, nhanhã! Que vosmecê é uma moça muito bonita; e Pedro um moleque muito sabido!

CARLOTINHA — É melhor que arrumes o quarto de teu senhor, vadio! (*Carlotinha tira o livro e senta-se na cadeira de balanço; lê e às vezes ouve o que diz Pedro.*)

PEDRO — Isto é um instante! (*Chegando-se a Carlotinha*) Mas nhanhã precisa casar! Com um moço rico como Sr. Alfredo, que ponha nhanhã mesmo no tom, fazendo figuração. Nhanhã há de ter uma casa grande, grande, com jardim na frente, moleque de gesso no telhado; quatro carros na cocheira; duas parelhas, e Pedro cocheiro de nhanhã.

CARLOTINHA — Mas tu não és meu, és de mano Eduardo.

PEDRO — Não faz mal; nhanhã fica rica, compra Pedro; manda fazer para ele sobrecasaca preta à inglesa: bota de canhão até aqui (*marca o joelho*); chapéu de castor; tope de sinhá, tope azul no ombro. E Pedro só, trás, zaz, zaz, zaz! E moleque da rua dizendo: "Eh! Cocheiro de sinhá D. Carlotinha!"

CARLOTINHA — Cuida no que tens que fazer, Pedro. Teu senhor não tarda.

PEDRO (*Arrumando*) — É já; não custa! (*Chegando-se*) Meio-dia, nhanhã vai passear na rua do Ouvidor, no braço do marido. Chapeuzinho aqui na nuca, peitinho estufado, tundá arrastando só! Assim moça bonita! Quebrando debaixo da seda, e a saia fazendo xô, xô, xô! Moço, rapaz, deputado, tudo na casa do Desmarais de luneta no olho: "Oh! Que paixão!..." O outro já: "V. Exa. passa bem?" E aquele homem que escreve no jornal tomando nota, para meter nhanhã no folhetim.

CARLOTINHA — Oh! meu Deus! Que moleque falador! Não te calarás? (*Lê.*)

PEDRO — Quando é de tarde, carro na porta; parelha de cavalos brancos, fogosos; Pedro na boleia, direitinho, chapéu de lado, só tenteando as rédeas. Nhanhã entra, vestido toma o carro todo, corpinho reclinado embalançando: "Botafogo!" Pedro puxou as rédeas; chicote estalou, tá tá tá, cavalo, toc toc toc; carro trrr!... Gente toda na janela perguntando: "Quem é?" — "D. Carlotinha!..." Bonito carro! Cocheiro bom!... E Pedro só deitando poeira nos olhos do boleeiro de aluguel.

CARLOTINHA — Ora, mano não vem! Disse que voltava já! (*Vai deitar o livro.*)

PEDRO — De noite, baile de estrondo, como baile do Sr. Barão de Meriti; linha de carro na porta, até no fim da rua, e torce na outra; ministro, deputado, senador, homem do paço, só de farda bordada, com pão de rala no peito. Moça como formiga! Mas nhanhã pisa tudo; brilhante reluzindo na testa como faísca, leque abanando, vestido cheio de renda. Tudo caído só, com o olho de jacaré assim. E nhanhã sem fazer caso.

CARLOTINHA (*rindo*) — Onde é que tu aprendeste todas essas histórias, moleque? Estás adiantado!

PEDRO — Pedro sabe tudo!... Daí a pouco, música — vom, vom, vom, tra-ra-lá, tra-ra-lá; vem ministro, toma nhanhã para dançar contradança, e nhanhã só requebrando o corpo! (*Arremeda a contradança.*)

CARLOTINHA — Ora, senhor! Já se viu que capetinha!

CENA VII
Os mesmos, Jorge

(*Jorge, entrando*)

JORGE — Mana Carlotinha, Henriqueta está lhe chamando para dizer-lhe adeus.

PEDRO — Sinhá Henriqueta está aí?

CARLOTINHA — Ela já vai?

JORGE — Já está deitando o chapéu.

CARLOTINHA — É tão cedo ainda! (*Jorge vai à mesa.*)

PEDRO — Duas horas já deu há muito tempo em S. Francisco de Paula.

CARLOTINHA (*À janela*) — Mano não voltará para jantar?...

PEDRO — Não tarda aí, nhanhã!

JORGE (*À mesa com um livro aberto*) — Olha! Que pintura bonita, Pedro!

PEDRO — Comece, comece a remexer! Depois fica todo derretido. (*Arremeda*) Foi moleque!...

CARLOTINHA (*Sai da janela*) — Quando Eduardo voltar vai me chamar, ouvistes, Pedro?... Jorge, venha!

JORGE — Já vou, Carlotinha!

CARLOTINHA — Não toque nos papéis de Eduardo; ele não gosta. (*Sai.*)

CENA VIII
Pedro, Jorge

PEDRO (*Querendo tomar o livro*) — Ande, ande, nhonhô; vá lá para dentro! Deixe o livro.

JORGE — Se tu és capaz, vem tomar!

PEDRO — Ora! É só querer!

JORGE — Pois eu te mostrarei!

PEDRO — Está arrumado! Pedro, moleque capoeira, mesmo da malta, conta lá com menino de colégio! (*Gingando*) Caia! É só neste jeito; pé no queixo, testa na barriga.

JORGE — Espera; vou dizer a mamãe que tu estás te engraçando comigo!

PEDRO — É só o que sabe fazer; enredo da gente! Nhonhô não vê que é de brincadeira. (*Chegando-se*) Olhe este livro; tem pintura também; mulher bonita mesmo! (*Abre o livro.*)

JORGE (*Com curiosidade*) — Deixa ver! Bravo!... Que belo! (*Tirando um papel*) Que é isto?

PEDRO (*Olhando*) — Um verso!... Oh! Pedro vai levar à viúva!

JORGE — Que viúva?

PEDRO — Essa que mora aqui adiante!

JORGE — Para quê?

PEDRO — Nhonhô não sabe? Ela tem paixão forte por Sr. moço Eduardo; quando vê ele passar, coração faz tuco, tuco, tuco! Quer casar com doutor.

JORGE — E mano vai se casar com ela?

PEDRO — Pois então! Mas não vá agora contar a todo o mundo.

JORGE — E ele gosta daquela mulher tão feia? Antes fosse com D. Henriqueta.

PEDRO — Menino não entende disto! Sinhá Henriqueta é moça bonita, mas é pobre! A viúva é rica, duzentos contos! Sr. moço casa com ela, e fica capitalista, com dinheiro grosso! Compra carro e faz Pedro cocheiro!... Lê o verso nhonhô.

JORGE — Deixa-me; não estou para isto!

PEDRO (*Olhando o papel*) — Ah! Se Pedro soubesse ler! (*Sentando-se*) Fazia como doutor, sentado na poltrona, com o livro na mão e puxando só a fumacinha do havana. Por falar em havana... (*Ergue-se, vai à mesa e mete a mão na caixa dos charutos*) Com efeito! Sr. moço Eduardo está fumando muito! Uma caixa aberta ontem; neste jeito acaba-me os charutos.

JORGE — Ah! Tu estás tirando os charutos de mano!

PEDRO — Cale a boca, nhonhô Jorge! É para fumar quando nós formos passear lá na Glória, de tarde.

JORGE — Amanhã?

PEDRO — Sim.

JORGE — Eu vou pedir a mamãe.

PEDRO — Espere, deite sobrescrito neste verso. (*Jorge tira um envelope roxo*) Roxo, não; viúva não gosta desta cor; verde, cor de esperança!

JORGE — Toma!

PEDRO — Pronto!... Agora Pedro chega lá, deita na banquinha de costura, depois volta as costas fazendo que não vê! Ela, fogo! (*Finge que beija*) Lê, guarda no seio, tal qual como se Sr. moço mandasse. O pior é se vai perguntar, como outro dia, por que Sr. moço não vai visitar ela; eu respondi que era para não dar que falar; mas viúva não quer saber de nada; está morrendo por tomar banho na igreja para deixar vestido preto!

JORGE — Mas então tu levas versos a ela sem mano mandar?

PEDRO — Pedro sabe o que faz! Agora veja se vai contar!

JORGE — Eu não! Que me importa isto! (*Sai correndo; batem na porta à esquerda.*)

CENA IX
Pedro, Alfredo

ALFREDO (*Entrando*) — O Dr. Eduardo não está?

PEDRO — Não, senhor; saiu, Sr. Alfredo!

ALFREDO (*Chegando-se*) — Então já entregaste?

PEDRO — Hoje mesmo!

ALFREDO — A resposta?

PEDRO — Logo; é preciso dar tempo. Vosmecê cuida que uma moça escreve a vapor! Pois não; primeiro passa um dia inteiro a ler a carta, depois outro dia a olhar assim para o ar com a mão no queixo, depois tem dor de cabeça para dormir acordada; por fim vai escrever e rasga um caderno de papel.

ALFREDO — Parece-me que tu estás me enganando; não entregaste a carta a D. Carlotinha, para te desculpar me contas estas histórias.

PEDRO — Não sou capaz de enganar a meu senhor.

ALFREDO — Pois bem; o que disse ela quando recebeu?

PEDRO — Perguntou quem era vosmecê.

ALFREDO — E tu, que respondeste?

PEDRO — Ora, já se sabe: moço rico, bem parecido.

ALFREDO — Quem te disse que eu era rico? Não quero passar pelo que não sou.

PEDRO — Não tem nada; riqueza faz crescer amor.

ALFREDO (*Rindo*) — Também sabes isto?... Mas depois, que fez ela da carta?

PEDRO — Deitou no bolso. Fui eu que me deitei; mas é o mesmo.

ALFREDO — Como? Foste tu que deitaste...

PEDRO — No bolso do vestido! Ela estava com vergonha. Sr. Alfredo não sabe moça como é, não?

ALFREDO — Bem; olha que espero a resposta!

PEDRO — Dê tempo ao tempo, que tudo se arranja.

CENA X
Os mesmos, Carlotinha

CARLOTINHA (*fora*) — Pedro!

PEDRO (*Puxando Alfredo para a porta*) — É nhanhã!

ALFREDO — Não faz mal!

PEDRO — Este negócio assim não está bom, não!

ALFREDO (*Entra com a mão no bolso*) — Por quê?

CARLOTINHA — Moleque, tu tiveste o atrevimento... (*Vendo Alfredo.*) Ah!

ALFREDO — Perdão, minha senhora; procurava o Dr. Eduardo.

CARLOTINHA (*Confusa e corando*) — Ele saiu... Eu vou chamar mamãe... (*Vai à porta.*)

ALFREDO — Não precisa, minha senhora, eu me retiro já; mas antes desejava ter a honra de... (*Dá um passo.*)

PEDRO (*Baixo, puxando-lhe pela manga*) — Não assuste a moça! Senão está tudo perdido.

ALFREDO — E não hei de fazer a declaração do meu amor?

PEDRO — Qual declaração! Já não se usa! Isto é do tempo das barracas do Espírito Santo!

ALFREDO — Então julgas que não devo falar-lhe?

PEDRO — Nem uma palavra. Mostre-se arrufado, que é para ela responder. Moça é como carrapato, quanto mais a gente machuca, mais ela se agarra.

ALFREDO — Ah! Ela não quer responder-me! (*Cumprimenta friamente.*)

CARLOTINHA — Não espera por mano?

ALFREDO (S*ecamente*)— Obrigado; não desejo incomodá-la.

CARLOTINHA — A mim! (*Alfredo sai.*)

CENA XI
Carlotinha, Pedro

CARLOTINHA — Nem sequer me olhou! E diz que gosta de mim! A primeira vez que me fala...

PEDRO — O moço está queimado, hi!...

CARLOTINHA — Ora, que me importa? O que te disse ele?

PEDRO — Perguntou por que nhanhã não queria responder à carta dele.

CARLOTINHA — Ah! É sobre isto mesmo... Tu sabes o que vim fazer, Pedro?

PEDRO (*Rindo-se*) — Veio ver Sr. Alfredo!

CARLOTINHA — Eu adivinhava que ele estava aqui?... Vim te chamar porque mamãe quer te perguntar donde saiu esta carta que deitaste no meu bolso. (*Tira a carta.*)

PEDRO — Nhanhã foi dizer?... Pois não!... Esta Pedro não engole.

CARLOTINHA — Chego na sala; vou meter a mão no bolso, encontro um papel; abro-o, é uma carta de namoro! Não sei como mamãe não percebeu!...

PEDRO (*Sorrindo*) — Ah! Nhanhã abriu!... Então leu.

CARLOTINHA — Não li! É mentira!

PEDRO (*Com um muxoxo*) — Mosca anda voando; tocou no mel, caiu dentro do prato. Nhanhã leu!

CARLOTINHA — E que tinha que lesse?

PEDRO — Se leu, deve responder!

CARLOTINHA — Faz-te de engraçado! (*Dando a carta*) Toma; não quero!

PEDRO — Nhanhã faz isto a um moço delicado!

CARLOTINHA — Saiu; e nem sequer me olhou.

PEDRO — Não sabe por quê? Porque nhanhã não quis responder à carta dele.

CARLOTINHA — E o que hei de eu responder?

PEDRO — Um palavreado, como nhanhã diz quando está no baile.

CARLOTINHA — Mas ele escreveu em verso.

PEDRO — Ah, é verso! E vosmecê não sabe fazer verso?

CARLOTINHA — Eu não; nunca aprendi.

PEDRO — É muito fácil, eu ensino a nhanhã; vejo Sr. moço Eduardo fazer. Quando é esta coisa que se chama prosa, escreve-se o papel todo; quando é verso, é só no meio, aquelas carreirinhas. (*Vai à mesa*) Olhe! olhe, nhanhã!

CARLOTINHA — Sabes que mais? A resposta que eu tenho de dar é esta: dize-lhe que, se deseja casar comigo, fale a mano.

PEDRO — Ora, tudo está em receber a primeira; depois é carta para lá e carta para cá; a gente anda como correio de ministro.

CARLOTINHA — Eu te mostrarei.

CENA XII
Pedro, depois Eduardo e Azevedo

(*Pedro vai sair à esquerda, e encontrar-se com Eduardo*)

EDUARDO — Onde vai?

PEDRO — Ia abrir a porta a meu senhor!

EDUARDO (*Para a escada*) — Entra, Azevedo! Eis aqui o meu aposento de rapaz solteiro; uma sala e uma alcova. É pequeno, porém basta-me!

AZEVEDO — É um excelente *appartement*! Magnífico para um *garçon*... Este é o teu *valet de chambre*?

EDUARDO — É verdade; um vadio de conta!

PEDRO (*À Azevedo, à meia-voz.*) — Hó!... Senhor está descompondo Pedro na língua francesa. (*Azevedo ri-se.*)

EDUARDO (*Correndo o aposento*) — Deste lado é o interior da casa; aqui tenho janelas para um pequeno jardim e uma bela vista. Vivo completamente independente da família. (*Apontando para a porta da esquerda*) Tenho esta entrada separada. Por isso podes vir conversar quando quiseres, sem a menor cerimônia; estaremos em perfeita liberdade escolástica.

AZEVEDO — Obrigado, hei de aparecer. (*Olhando os quadros*) Ah! tens as tuas paisagens *signées* Lacroix? Mas não são legítimas; vi-as em Paris *chez Goupil*; fazem uma diferença enorme.

EDUARDO — Não há dúvida; mas não as comprei pelo nome, achei-as bonitas. Queres fumar? (*Tomando a caixa de charutos.*)

AZEVEDO — Aceito. Esqueci o meu *porte-cigarres*. São excelentes os teus charutos. Onde os compras? No Desmarais?

EDUARDO — Onde os encontro melhores; não me recordo de que casa são estes... (*Pedro acende uma vela e oferece fogo.*)

PEDRO (*baixo*) — Rapaz muito desfrutável, Sr. moço! Parece cabeleireiro da rua do Ouvidor!

EDUARDO — Cala-te! (*Pedro sai.*)

AZEVEDO (*Acende o charuto*) — Obrigado!... (*Senta na cadeira de balanço*) Eis o que se chama em Paris — *parfumer la causerie*!

EDUARDO — Com que então, vais te casar? Ora quem diria que aquele Azevedo, que eu conheci tão volúvel, tão apologista do celibato...

AZEVEDO — E ainda sou, meu amigo; dou-te de conselho que não te cases. O celibato é o verdadeiro estado!... Lembra-te que Cristo foi *garçon*!

EDUARDO — Sim; mas as tuas teorias não se conformam com esse exemplo de sublime castidade; são um tanto turcas.

AZEVEDO — Considera, porém, a diferença que vai da divindade ao homem.

EDUARDO — Mas enfim, sempre te resolveste a casar?

AZEVEDO — Certas razões!

EDUARDO — Uma paixão?

AZEVEDO — Qual! Sabes que sou incapaz de amar o quer que seja. Algum tempo quis convencer-me que o meu eu amava a minha *bête*, que era egoísta, mas desenganei-me. Faço tão pouco caso de mim, como do resto da raça humana.

EDUARDO — Assim, não amas a tua noiva?

AZEVEDO — Não, de certo.

EDUARDO — É rica talvez; casas por conveniência?

AZEVEDO — Ora, meu amigo, um moço de trinta anos, que tem, como eu, uma fortuna independente, não precisa tentar a *chasse au mariage*. Com trezentos contos pode-se viver.

EDUARDO — E viver brilhantemente; porém, não compreendo então o motivo...

AZEVEDO — Eu te digo! Estou completamente *blasé*, estou gasto para essa vida de *flaneur* dos salões; Paris me saciou; as grandes lorettes me embotaram o coração; *Mabille* e *Cháteau des Fleurs* embriagaram-me tantas vezes de prazer, que me deixaram insensível. A mulher hoje é para mim um copo de *Cliqcot* que tomo por costume ao jantar, e que espuma no cálice, mas já não me tolda o espírito!

EDUARDO (*Rindo*) — E esperaste chegar a este estado para te casares?

AZEVEDO — Justamente. Tiro disso duas conveniências: a primeira, é que um marido como eu está preparado para desempenhar perfeitamente o seu grave papel de carregador do mantelete, do leque ou do binóculo; e de apresentador dos apaixonados de sua mulher.

EDUARDO — Com efeito! Admiro o sangue-frio com que descreves a perspectiva do teu casamento.

AZEVEDO — *Chacun son tour*, Eduardo, nada mais justo. A segunda conveniência, e a principal, é que rico, independente, com alguma inteligência, quanto basta para esperdiçar em uma conversa banal, resolvi-me entrar na carreira pública.

EDUARDO — Seriamente?

AZEVEDO — Já dei os primeiros passos; pretendo a diplomacia ou a administração.

EDUARDO — E para isso precisas casar?

AZEVEDO — De certo!... Uma mulher é indispensável, e uma mulher bonita!... É o meio pelo qual um homem se distingue no *grand monde*!... Um círculo de adoradores cerca imediatamente a senhora elegante e espirituosa que fez a sua aparição nos salões de uma maneira deslumbrante! Os elogios, a admiração, a consideração social acompanharão na sua ascensão esse astro luminoso, cuja cauda é uma crinolina, e cujo brilho vem da casa do Valais ou da Berat, à custa de alguns contos de réis! Ora, como no matrimônio existe essa comunhão de corpo e de bens, os apaixonados da mulher tornam-se amigos do marido, e vice-versa; o triunfo que tem a beleza de uma, lança um reflexo sobre a posição do outro. E assim consegue-se tudo!

EDUARDO — Tu gracejas, Azevedo; não é possível que um homem aceite dignamente esse papel. A mulher não é, nem deve ser, um objeto de ostentação que se traga como um alfinete de brilhante ou uma joia qualquer para chamar a atenção! Não é, nem pode ser um traste de luxo ou uma pastilha de que se use para obsequiar os amigos!

AZEVEDO — Bravo! Fizeste a mais poética e mais justa das comparações, meu amigo! Disseste com muito espírito, a mulher é uma caixa de pastilhas perfumadas, um cofre de sorrisos, de olhares, de palavras amáveis... E nada mais!

EDUARDO (*Erguendo-se*) — Ora, não acredito que fales seriamente!

AZEVEDO — Podes não acreditar, mas isso não impede que a realidade seja essa. Estás ainda muito poeta, meu Eduardo, vai a Paris e volta! Eu fui criança no espírito e voltei com a razão de um velho de oitenta anos! (*Sobe a cena.*)

EDUARDO — Mas com o coração pervertido!... Ouve, Azevedo. Estou convencido que há um grande erro na maneira de viver atualmente. A sociedade, isto é, a vida exterior, tem se desenvolvido tanto que ameaça destruir a família, isto é, a vida íntima. A mulher, o marido, os filhos, os irmãos atiram-se nesse turbilhão dos prazeres, passam dos bailes aos teatros, dos jantares às partidas; e quando, nas horas de repouso, se reúnem no interior de suas casas, são como estrangeiros que se encontram um momento sob a tolda do mesmo navio para se separarem logo. Não há ali a doce efusão dos sentimentos, nem o bem-estar do homem que respira numa atmosfera pura e suave. O serão da família desapareceu; são apenas alguns parentes que se juntam por hábito, e que trazem para a vida doméstica um o tédio dos prazeres, o outro as recordações da noite antecedente, o outro o aborrecimento das vigílias!

AZEVEDO — E que concluis desta tirada filosófico--sentimental?

EDUARDO — Concluo que é por isso que se encontram hoje tantos moços gastos como tu; tantas moças para quem a felicidade consiste em uma quadrilha; tantos maridos que correm atrás de uma sombra chamada consideração; e tantos pais iludidos que se arruínam para satisfazer o capricho de suas filhas, julgando que é esse o meio de dar-lhes a ventura!

AZEVEDO — Realmente estás excêntrico. Onde é que aprendeste estas teorias?

EDUARDO — Na experiência. Também fui atraído, também fui levado pela imaginação que me dourava esses prazeres efêmeros, e conheci que só havia neles de real uma coisa.

AZEVEDO — O quê?

EDUARDO — Uma lição; uma boa e útil lição. Ensinaram-me a estimar aquilo que eu antes não sabia apreciar; fizeram-me voltar ao seio da família, à vida íntima!

AZEVEDO — Hás de mudar. (*Toma o chapéu e as luvas.*)

EDUARDO — Não creio!.. Já te vais?

AZEVEDO — Tenho que fazer, algumas maçadas de homem que se despede de sua vida de *garçon*. Janto hoje com minha noiva; amanhã parto para minha fazenda, onde me demorarei alguns dias, e na volta terei de te anunciar, com todas as formalidades de estilo, em *carton porcelaine* sob o competente envelope *satinée et dorée sur tranche*, o meu casamento com a Sra. D. Henriqueta de Vasconcellos.

EDUARDO (*Surpreso*) — Henriqueta!.. Ah! É com ela que te casas?

AZEVEDO — Sim, por que te causa isto admiração?

EDUARDO — Nada! Julguei que escolhesses melhor! É tão pobre!

AZEVEDO — Mas é bonita e tem muito espírito. Há de fazer furor quando a *Gudin* ajeitá-la à parisiense.

EDUARDO — Dizem que é muito modesta.

AZEVEDO — Toda a mulher é vaidosa, Eduardo; a modéstia mesmo é uma espécie de vaidade inventada pela pobreza para seu uso exclusivo!

EDUARDO — Assim estás decidido?

AZEVEDO — Mais que decidido! Estou noivo já. Adeus, aparece; andas muito raro. (*Sai.*)

CENA XIII
Eduardo, Pedro

(*Eduardo fica um momento pensativo.*)

PEDRO (*Entrando*) — O jantar está na mesa.

EDUARDO — Não me maces! Vai-te embora.

PEDRO — Sr. não vem então?

EDUARDO — Chega aqui. Tu sabias que D. Henriqueta estava para casar?

PEDRO (*Perturbado*) — Sabia, sim, senhor; rapariga dela me contou.

EDUARDO — E por que não vieste dizer-me?

PEDRO — Porque vosmecê me deu ordem que não falasse mais o nome dela.

EDUARDO — É verdade.

CENA XIV
Os mesmos, Carlotinha

CARLOTINHA (*Entrando*) — Demorou-se muito, mano. Eu lhe esperei!... Agora vamos jantar!

EDUARDO — Não, não tenho vontade, deixa-me.

PEDRO — Sr. moço está triste porque sinhá Henriqueta vai casar!

EDUARDO (*Erguendo-se*) — Moleque!

CARLOTINHA (*Baixo a Eduardo*) — Você sabia? Era dela mesma que eu queria falar-lhe.

EDUARDO — Sabia; o seu noivo acaba de sair daqui.

CARLOTINHA — Um Azevedo, não é?

EDUARDO — Sim, um homem que, além de não amá-la, estima-a tanto como as suas botas envernizadas e os seus cavalos do Cabo, ou os seus cabelos frisados.

CARLOTINHA — Mas você não sabe a razão desse casamento?

EDUARDO — Sei, Carlotinha, um amor pobre possui tesouros de sentimentos, mas não é moeda com que se comprem veludos e sedas!

CARLOTINHA — Oh! Mano, não seja injusto! Ela me contou tudo!

EDUARDO — Desejava saber o que te disse.

CARLOTINHA — Logo, depois de jantar, no jardim. Venha, mamãe está nos esperando.

Ato II

O jardim da casa de Eduardo; junto do proscênio um caramanchão aberto, com algumas cadeiras de ferro; do lado oposto, — acompanhando uma cerca baixa, bancos de madeira. Embaixo do caramanchão uma mesa de pedra e em cima dela uma pequena bandeja com xícaras de café. Vasos de flores; ornatos de jardim; e arvoredo no fundo. São cinco horas da tarde.

Em casa de Eduardo.
Jardim.

CENA I
Eduardo, Carlotinha, D. Maria

(*Ao levantar o pano, Carlotinha e Eduardo estão sentados sobre o caramanchão, acabaram de tomar café; Eduardo fuma. D. Maria, que tem corrido os canteiros, chega-se para eles e senta-se. Eduardo levanta-se para ocultar o charuto.*)

EDUARDO — Lembras-te do que me prometeste?

CARLOTINHA — Falar-lhe de Henriqueta?... Lembro-me.

EDUARDO — Que te disse ela?

CARLOTINHA — Muita coisa! Mamãe não nos ouvirá? (*Volta-se.*)

EDUARDO — Não; podes falar. Estou impaciente!

CARLOTINHA — Aí vem ela!

D. MARIA — Ora, Carlotinha, tu com as tuas flores tens tomado de tal maneira os canteiros que já não posso plantar uma hortaliça.

CARLOTINHA — Porém, mamãe... É tão bonito a gente ter uma flor, uma rosa para oferecer a uma amiga que nos vem visitar!

D. MARIA — É verdade, minha filha; mas não te lembras que também gostas de dar-lhes uma fruta delicada... Assim os meus morangos estão morrendo, porque as tuas violetas não deixam...

CARLOTINHA — É a flor da minha paixão! As violetas! Que perfume!

D. MARIA — E os meus morangos, que sabor! Não tenho mais um pé de alface ou de chicória...

EDUARDO — Não se agonie, minha mãe, eu mandarei fazer uma pequena divisão no quintal; deste lado Carlotinha terá o seu jardim; do outro vosmecê mandará preparar a sua horta.

D. MARIA — Estimo muito, meu filho! É por vocês que eu tomo este trabalho.

EDUARDO — E nós não o sabemos? Todo o nosso amor não paga esses pequenos cuidados, essas atenções delicadas de uma mãe que só vive para seus filhos.

D. MARIA — O único amor que não pede recompensa, Eduardo, é o amor de mãe; mas se eu a desejasse; que melhor podia ter do que o orgulho de ver-te em uma bonita posição, admirado pelos teus amigos e estimado mesmo pelos que não te conhecem?

CARLOTINHA (*Sorrindo*) — Não o deite a perder, mamãe; depois fica todo cheio de si!

EDUARDO — Por ter uma irmã como tu, não é?

CARLOTINHA — Não se trata de mim.

D. MARIA (*Levantando-se*) — Vocês ficam? A tarde está bastante fresca!

EDUARDO — Já vamos, minha mãe. (*Sai D. Maria.*)

CENA II
Eduardo, Carlotinha

CARLOTINHA (*Acompanha a mãe com os olhos*) — Ora, enfim! Podemos conversar, mano!

EDUARDO — Sim! Estou ansioso por saber o que ela te disse! Com que fim veio ver-te! Naturalmente foi para dar-me mais uma prova de indiferença participando-te o seu casamento!...

CARLOTINHA — Foi para lhe ver uma última vez! Ah! Você não se lembra então do que se passou! Fala de indiferença? É ela que se queixa da sua frieza, do seu desdém!

EDUARDO — Ela queixa-se... E de mim?... Estava zombando?

CARLOTINHA — Zomba-se com as lágrimas nos olhos e com a voz cortada pelos soluços?

EDUARDO — Que dizes? Ela chorava?...

CARLOTINHA — Sobre o meu seio; e eu não sabia como a consolasse.

EDUARDO — Não compreendo!

CARLOTINHA — Por quê?

EDUARDO — Eu te direi depois. Conta-me o que ela te disse.

CARLOTINHA — Foi tanta coisa!... Sim; disse-me que todos os dias lhe via da casa dela, de manhã e à tarde, na janela do seu quarto.

EDUARDO — É verdade.

CARLOTINHA — Mas que uma tarde, vindo aqui, mano não lhe deu uma palavra.

EDUARDO — E a razão disto não declarou?

CARLOTINHA — Ela ignora!

EDUARDO — Como?

CARLOTINHA — Procurou recordar-se das suas menores ações para ver se poderia ter dado causa à sua mudança; e não achou nada que devesse servir nem mesmo de pretexto.

EDUARDO — Com efeito! O fingimento chega a esse ponto!

CARLOTINHA — É injusto, mano; aquele amor não se finge. Quando ela me recitou os versos que você lhe mandou...

EDUARDO — Eu... versos?

CARLOTINHA — Sim; uns versos em que a chamava de namoradeira, em que a ridicularizava.

EDUARDO (*Levantando-se*) — Mas não há tal; nunca lhe mandei versos!

CARLOTINHA — Ela os recebeu de Pedro; eu os vi, escritos por sua letra.

48

EDUARDO — Não é possível!

CARLOTINHA — Há nisto algum engano. Deixe-me acabar, depois verá.

EDUARDO — Eu te escuto.

CARLOTINHA — Os seus versos...

EDUARDO — Meus, não.

CARLOTINHA — Pois bem, os versos causaram-lhe uma dor mortal; conheceu que mano escarnecia dela, e desde então passava as noites a chorar, e o dia a olhar entre as cortinas para ao menos ter consolo de avistá-lo de longe e de relance. Mas você conservava fechada a única janela na qual ela podia vê-lo.

EDUARDO — Não sabes por quê? Um dia mandou-me dizer por Pedro que a minha curiosidade a incomodava. Desde então privei-me do prazer de olhá-la...

CARLOTINHA — É inexplicável!... Mas como lhe dizia, passaram-se dois meses; ela perdeu a esperança; seu pai tratou de casá-la. Desde que não podia lhe pertencer, pouco lhe importava o homem a quem a destinavam. Consentiu em tudo, mas antes de dar a sua promessa definitiva, quis vê-lo pela última vez...

EDUARDO — Por quê?

CARLOTINHA — Porque hoje o noivo ia jantar em sua casa; e aí às 3 horas decidia-se tudo... Pois bem, antes de dizer sim, ela veio e jurou-me, por sua mãe, que se encontrasse mano em casa, se mano a olhasse docemente, sem aquele olhar severo de outrora...

EDUARDO — Que faria?

CARLOTINHA — Não se casaria e viveria com essa única esperança de quem um dia mano compreenderia o seu amor!

EDUARDO — Assim, como não me encontrou...

CARLOTINHA — Como você não quis vê-la...

EDUARDO — Eu não quis?... É verdade!

CARLOTINHA — Quando o chamei, ela nos esperava toda trêmula.

EDUARDO — Podia eu saber? Podia conceber semelhante coisa à vista do que se passou! (*Refletindo*) Não; não acredito.

CARLOTINHA — O quê?

EDUARDO — Que Pedro tenha maquinado semelhante coisa.

CARLOTINHA — E eu acredito.

EDUARDO — Vou saber disto! Porém, dize-me! Depois?

CARLOTINHA — Você saiu. Eu esperei muito tempo no seu quarto para ver se voltava. Tardou tanto, que por fim vi-me obrigada a desenganá-la.

EDUARDO — Então ela voltou?...

CARLOTINHA — Com o coração partido...

EDUARDO — E foi dar esse consentimento, que seu pai esperava. A esta hora é noiva de um homem que faz dela um objeto de especulação. (*Passeia distraído.*)

CENA III
Os mesmos, Pedro

(*Entrando, à Carlotinha.*)

PEDRO — Sinhá velha está chamando nhanhã Carlotinha lá na sala.

CARLOTINHA — Para quê?

PEDRO — Para ver moleque de realejo que está passando. (*À meia-voz*) Mentira só!

CARLOTINHA (*Voltando-se*) — O quê?

PEDRO — Boneco de realejo que está dançando!

CARLOTINHA — Ora, não estou para isso.

PEDRO — Umm!... Menina está reinando. Mas Pedro não deixa! Nhanhã não vai?

CARLOTINHA — Que te importa? Chega aqui, quero saber uma cousa.

PEDRO — Que é, nhanhã?

CARLOTINHA (*A Eduardo*) — Mano, vamos perguntar-lhe?

EDUARDO — Deixa estar, eu pergunto! (*Afasta-se com ela*) Escuta, queria pedir-te um favor.

CARLOTINHA — Fale, mano; precisa pedir?

EDUARDO — Desejo falar à Henriqueta. Podes fazer com que ela venha passar a noite contigo?

CARLOTINHA — Vou escrever-lhe! Estou quase certa de que ela vem!

EDUARDO — Obrigado! (*Sai Carlotinha.*)

CENA IV
Eduardo, Pedro

EDUARDO — Vem cá!

PEDRO — Senhor!

EDUARDO — Responde-me a verdade.

PEDRO — Pedro não mente nunca.

EDUARDO — Que versos são uns que entregaste a D. Henriqueta de minha parte?

PEDRO (*Perturbado*) — Foram versos que senhor escreveu...

EDUARDO — Que eu escrevi?

PEDRO — Sim, senhor.

EDUARDO — À Henriqueta?

PEDRO — Não, senhor.

EDUARDO — A quem, então?

PEDRO — À viúva.

EDUARDO — Que viúva?

PEDRO — Essa que mora aqui adiante; mulher rica, do grande tom.

EDUARDO (*Rindo-se*) — Ah! Lembro-me! E tu levaste esses versos à Henriqueta?

PEDRO — Levei, sim, senhor.

EDUARDO (*Sério*) — Com que fim, Pedro?

PEDRO — Sr. não se zanga; Pedro diz por que fez isso.

EDUARDO — Fala logo de uma vez. Que remédio tenho eu senão rir-me do que me sucede?

PEDRO — Sinhá Henriqueta é pobre; pai anda muito por baixo; senhor casando com ela não arranja nada! Moça gasta muito; todo dia vestido novo, camarote no teatro para ver aquela mulher que morre cantando, carro de aluguel na porta, vai passear na rua do Ouvidor, quer comprar tudo que vê.

EDUARDO — Ora, não sabia que tinha um moralista desta força em casa!

PEDRO — Depois modista, costureira, homem da loja, cabeleireiro, cambista, cocheiro, ouvires, tudo mandando a conta, e senhor vexado: "Diz que não estou em casa", como faz aquele homem que mora defronte!

EDUARDO — Então foi para que eu não me casasse pobre que fizeste tudo isto? Que inventaste o recado que me deste em nome de Henriqueta?...

PEDRO — Pedro tinha arranjado casamento bom; viúva rica, duzentos contos, quatro carros, duas parelhas, sala com tapete. Mas senhor estava enfeitiçado por sinhá Henriqueta e não queira saber de nada. Precisava trocar; Pedro trocou.

EDUARDO — O que é que trocaste?

PEDRO — Verso feio da viúva foi para sinhá Henriqueta; verso bonito de sinhá Henriqueta foi para a viúva.

EDUARDO — De maneira que estou com um casamento arranjado, com uma correspondência amorosa e poética; e tudo isto graças à tua habilidade?

PEDRO — Negócio está pronto, sim senhor; é só querer. Pedro de vez em quando leva uma flor ou um verso que senhor deixa em cima da mesa. Já perguntou por que vosmecê não vai visitar ela!

EDUARDO (*Rindo-se*) — Eis um corretor de casamentos, que seria um achado precioso para certos indivíduos do meu conhecimento! Vou tratar de vender-te a algum deles para que possas aproveitar teu gênio industrioso.

PEDRO — Oh! Não! Pedro quer servir a meu senhor! Vosmecê perdoa; foi para ver senhor rico!

EDUARDO — E o que lucras tu com isto?! Sou tão pobre que te falte com aquilo de que precisas? Não te trato mais como um amigo do que como um escravo?

PEDRO — Oh! Trata muito bem, mas Pedro queria que o senhor tivesse muito dinheiro e comprasse carro bem bonito para...

EDUARDO — Para... Dize!

PEDRO — Para Pedro ser cocheiro de senhor!

EDUARDO — Então a razão única de tudo isto é o desejo que tens de ser cocheiro?

PEDRO — Sim, senhor!

EDUARDO (*Rindo-se*) — Muito bem! Assim, pouco te importava que eu ficasse mal com a pessoa que estimava; que me casasse com uma velha ridícula, que vivesse maçado e aborrecido, contanto que governasses dois cavalos em um carro! Tens razão!... E eu ainda devo dar-me por muito feliz, que fosse esse motivo frívolo, mas inocente, que te obrigasse a trair a minha confiança. (*Eduardo sai.*)

CENA V
Pedro, Carlotinha

CARLOTINHA (*Entrando*) — (*Olhando*) Já escrevi! Ah! Mano não está!... (*Dando com Pedro*) Pedro!...

PEDRO (*Olha*) — Nhanhã!

CARLOTINHA — Que fazes tu aí?

PEDRO — Oh! Pedro não está bom hoje, não; senhor está zangado.

CARLOTINHA — Por quê? Por causa de Henriqueta?

PEDRO — Sim, Pedro fez história de negro, enganou senhor. Mas hoje mesmo tudo fica direito.

CARLOTINHA — Que vais tu fazer? Melhor é que estejas sossegado!

PEDRO — Oh! Pedro sabe como há de arranjar este negócio. Nhanhã não se lembra, no teatro lírico, uma peça que se representa e que tem homem chamado Sr. Fígaro, que canta assim:

Tra-la-la-la-la-la-la-la-tra!!
Sono um barbiere di qualità!
Fare la barba per carità!...

CARLOTINHA (*Rindo-se*) — Ah! O Barbeiro de Sevilha!

PEDRO — É isso mesmo. Esse barbeiro, Sr. Fígaro, homem fino mesmo, faz tanta coisa que arranja casamento de sinhá Rosinha com nhonhô Lindório. E velho doutor fica chupando o dedo, com aquele frade D. Basílio!

CARLOTINHA — Que queres tu dizer com isto?

PEDRO — Pedro tem manha muita, mais que Sr. Fígaro! Há de arranjar casamento de Sr. moço Eduardo com sinhá Henriqueta. Nhanhã não sabe aquela ária que canta sujeito que fala grosso? (*Cantando*) "La calunnia!..."

CARLOTINHA — Deixa-te de prosas!

PEDRO — Prosa, não; é verso! Verso italiano que se canta!

CARLOTINHA (*Rindo*) — Tu também sabes italiano?

PEDRO — Ora! Quando Sr. Moço era estudante e mandava levar ramo de flor à dançarina do teatro, aquela que tem perna de engonço, Pedro falava mesmo como patrício dela: *Un fiore, signorina*!

CARLOTINHA — Ah! Mano mandava flores às dançarinas... (*Meio à parte*) E diz que amava a Henriqueta!

PEDRO — Ora, moço pode gostar de três moças ao mesmo tempo. Esse bicho que se chama amor está nos olhos, nos ouvidos e no coração: moço gosta de mulher bonita só para ver, de mulher de teatro só para ouvir cantar e de mulher de casamento para pensar nela todo dia!

CARLOTINHA — Não sejas tolo! A gente só deve gostar de uma pessoa! Aposto que o tal Sr. Alfredo é desses!

PEDRO — Qual! Sr. Alfredo é só de nhanhã; mas é preciso responder a ele.

CARLOTINHA — Já não te disse a resposta? Por que não deste?

PEDRO — Homem não gosta dessa resposta de boca, diz que é mentira. Gosta de papelinho para guardar na carteira, lembrando-se do anjinho que escreveu.

CARLOTINHA — Escreveu, nunca; não tenho ânimo!...

PEDRO — Pois, olhe, nhanhã tira duas violetas; põe uma nos cabelos, manda outra a ele! Isto de flor!... Hum!... Faz cócega no coração.

CARLOTINHA — Deste modo... sim... eu podia...

PEDRO — Então vá buscar a flor já! Pedro leva!

CARLOTINHA — Não, não quero!

PEDRO — Eu vou ver!

CARLOTINHA — Não é preciso! Eu tenho!...

PEDRO — Ah! Nhanhã já tem!

CARLOTINHA (*Põe a mão no seio*) — Estão aqui.

PEDRO — Melhor! (*Dando*) Dê cá, nhanhã.

CARLOTINHA — Mas olha!... Não!...

PEDRO (*Tomando*) — Hi!... Sr. Alfredo vai comer esta violeta de beijo quando souber que esteve no seio de nhanhã!

CARLOTINHA — Dá-me! Não quero!... (*Pedro sai correndo.*)

CENA VI
Carlotinha, Eduardo

CARLOTINHA — Meu Deus! (*Eduardo aparece*) Ah! Mano! (*Fica perturbada.*)

EDUARDO — Já soube tudo, uma malignidade de Pedro. É a consequência de abrigarmos em nosso seio esses reptis venenosos, que quando menos esperamos nos mordem no coração! Mas enfim ainda se pode reparar. Escreveste a Henriqueta?

CARLOTINHA — Sim; a resposta não deve tardar!

EDUARDO — Tu és um anjo, Carlotinha!

CARLOTINHA (*Com expressão*) — Como se engana, mano!

EDUARDO — Que queres dizer?

CARLOTINHA — Nada! Eu devia lhe contar! Mas...

EDUARDO — Tens alguma coisa a dizer-me? Por que não falas?

CARLOTINHA — Tenho medo!

EDUARDO — De teu irmão! Não tens razão!

CARLOTINHA — Mesmo por ser meu irmão, não gostará...

EDUARDO — Mais um motivo. Um irmão, Carlotinha, é para sua irmã menos do que uma mãe, porém mais do que um pai; tem menos ternura do que uma, e inspira menos respeito do que o outro. Quando Deus o colocou na família a par dessas almas puras e inocentes como a tua, deu-lhe uma missão bem delicada; ordenou-lhe que moderasse para sua irmã a excessiva austeridade de seu pai e a ternura muitas vezes exageradas de sua mãe; ele é homem e moço, conhece o mundo, porém também compreende o coração de uma menina, que é sempre um mito para os velhos já esquecidos de sua mocidade. Portanto, a quem melhor podes contar um segredo do que a mim?

CARLOTINHA — É verdade, suas palavras me decidem. Você é meu irmão, e o chefe da nossa família, desde que perdemos nosso pai. Devo dizer-lhe tudo; tem o direito de repreender-me!

EDUARDO — Cometeste alguma falta?

CARLOTINHA — Creio que sim. Uma falta bem grave!

EDUARDO (*Inquieto*) — Minha irmã... Acaso terás esquecido!...

CARLOTINHA — Oh! Se toma esse ar severo não terei ânimo de dizer-lhe!

EDUARDO (*Com esforço*) — Estou calmo, mama, não vês? Fala!

CARLOTINHA — Sim! Sim! É que me custa a dizer!... Não faz ideia!

EDUARDO — Vamos! Coragem!

CARLOTINHA — Conhece um moço, que às vezes lhe vem procurar... chama-se Alfredo!...

EDUARDO — Que tem!...

CARLOTINHA — Pois esse moço... ama-me, e...

EDUARDO — E que fizeste?

CARLOTINHA (*Atirando-se ao peito de Eduardo*) — Mandei-lhe uma flor!... Mas uma só!

EDUARDO (*Respirando*) — Ah! (*Sorrindo*) Assim é esta falta que cometeste? A primeira e a única!

CARLOTINHA — Não!... Devo dizer-lhe tudo! Li esta carta. (*Tira*) Tome, ela queima-me o seio.

EDUARDO (*Lendo rapidamente*) — Quem te entregou?

CARLOTINHA — Pedro deitou no meu bolso sem que o percebesse.

EDUARDO — Oh! Eu adivinhava! E respondeste?

CARLOTINHA — Pois a violeta foi a resposta! Não queria dar. Mas lembrei-me que assim como Henriqueta lhe amava, também eu podia amá-lo.

EDUARDO — Tens razão, minha irmã. Cometeste uma falta, mas te arrependeste a tempo. Não te envergonhes disto; és moça e inexperiente; a culpa foi minha só.

CARLOTINHA — Sua, mano! Como?

EDUARDO — Eu te digo: acabas de dar-me uma prova do teu discernimento; o que vou dizer-te será uma lição. Os moços, ainda os mais tímidos como eu, minha irmã, sentem quando entram na vida uma necessidade de gozar desses amores fáceis que duram alguns dias e que passam deixando o desgosto n'alma! Eu fui fascinado pela mesma miragem; depois quis esquecer Henriqueta e procurei nos olhares e nos sorrisos das mulheres um bálsamo para o que eu sofria. Ilusão! O amor vivia, e nas minhas extravagâncias o que eu esquecia é que tinha uma irmã inocente confiada à minha guarda. Imprudente, eu abrigava no seio de minha família, no meu lar doméstico, a testemunha e o mensageiro de minhas loucuras: alimentava o verme que podia crestar a flor de tua alma. Sim, minha irmã! Tu cometeste uma falta; eu cometi um crime!

CARLOTINHA — Não se acuse, mano; é severo demais para uma coisa que ordinariamente fazem os moços na sua idade!

EDUARDO — Porque não refletem!... Se eles conhecessem o fel que encobrem essas rosas do prazer deixá-las-iam murchar, sem sentir-lhes o perfume! Há certos objetos tão sagrados que não se devem manchar nem mesmo com a sombra de um mau exemplo! A reputação de uma moça é um deles. O homem que tem uma família está obrigado a respeitar em todas as mulheres a inocência de sua irmã, a honra de sua esposa e a virtude de sua mãe. Ninguém deve dar direito a que suas ações justifiquem uma suspeita ou uma calúnia.

CARLOTINHA — Está bom, não vá agora ficar triste e pensativo por isso. Já lhe disse tudo, já lhe dei a carta; prometo-lhe não pensar mais nele. Duvida de mim?

EDUARDO — Não. Agradeço a tua confiança, e acredita que saberei usar dela. Já volto.

CARLOTINHA — Que vai fazer?

EDUARDO — Escrever uma carta; ou antes, responder à que recebeste.

CARLOTINHA — Como, Eduardo!

EDUARDO — Logo saberás.

CARLOTINHA — Mas não se zangue com ele, sim?

EDUARDO — Tranquiliza-te; ele te interessa, é um título para que eu o respeite. (*Sai.*)

CENA VII
Carlotinha, Henriqueta

HENRIQUETA (*Fora*) — Carlotinha!...

CARLOTINHA — Henriqueta! (*Henriqueta aparece*) Ah! Eu te esperava!

HENRIQUETA — E tinhas razão... Mas antes de tudo... É verdade?... O que me escreveste?

CARLOTINHA — Sim; ele te ama e te amou sempre! Um engano, uma fatalidade...

HENRIQUETA — Bem cruel!... Eu perdoaria de bom grado à sorte todas as minhas lágrimas, mas não lhe perdoo o fazer-me mulher de outro!

CARLOTINHA — Então, está decidido!

HENRIQUETA — Eu não te disse! Sou sua noiva! Meu pai deu-lhe a sua palavra. Ele me acompanha já com direito de senhor. Por sua causa estive quase não vindo...

CARLOTINHA — Como assim? Ele recusaria...

HENRIQUETA — Não; mas meu pai convidou-o para acompanhar-nos, e eu lembrei-me que Eduardo sofreria tanto vendo-me junto desse homem, que um momento fiquei indecisa!

CARLOTINHA — Por quê? Ele sabe que tu não o amas.

HENRIQUETA — Não importa.

CARLOTINHA — Mas enfim vieste. Fizeste bem!

HENRIQUETA — Não sei se fiz bem. Fui arrastada! Creio que aos pés do altar, se ele me chamasse, eu ainda me voltaria para dizer-lhe, enquanto sou livre, que o amo e que só amarei a ele!

CENA VIII
Os mesmos, Vasconcellos, D. Maria, Azevedo

VASCONCELLOS — Onde está o nosso Doutor? Não há mais quem o veja.

CARLOTINHA — Subiu ao seu quarto, já volta.

VASCONCELLOS — Oh! D. Carlotinha! Como está?!... Apresento-lhe meu genro. O Sr. Azevedo. (*A Azevedo*) É a mais íntima amiga de Henriqueta.

AZEVEDO — E eu o mais íntimo amigo de seu irmão! Há, portanto, dois motivos bastante fortes para o meu respeito e consideração.

CARLOTINHA (*Secamente*)— Muito obrigada! (*A Henriqueta*) Vai te sentar; estás toda trêmula! (*Azevedo passeia.*)

HENRIQUETA (*Baixo*) — E ele, por que não vem?

CARLOTINHA — Não tarda! (*Afastam-se.*)

VASCONCELLOS (*A D. Maria num canto do jardim*) — Parece-me um excelente moço, e estou certo que há de fazer a felicidade de minha filha.

D. MARIA — É o que desejo; tenho muita amizade à sua menina e estimo que seu marido reúna todas as qualidades.

VASCONCELLOS — Para mim, se quer que lhe diga a verdade, só lhe noto um pequeno defeito.

D. MARIA — Qual? É jogador?

VASCONCELLOS — Não; o jogo já não é um defeito, segundo dizem; tornou-se um divertimento de bom-tom. O que noto em meu genro, e que desejo corrigir-lhe, é o mau costume de falar metade em francês e metade em português, de modo que ninguém o pode entender!

D. MARIA — Ah! Não observei ainda!

VASCONCELLOS — É uma mania que eles trazem de Paris, e que os torna sofrivelmente ridículos. Mas não se querem convencer!

AZEVEDO (*Aproximando-se*) — Tem um belo jardim, minha senhora, um verdadeiro *bosquet. C'est charmant*! Não perdoo, porém, a meu amigo Eduardo não o ter aproveitado para fazer um *kiosque*. Ficaria magnífico!

VASCONCELLOS (*Puxando o braço e D. Maria*) — Então, entendeu?

D. MARIA — Não, absolutamente nada!

VASCONCELLOS — O mesmo me sucede! Tanto que às vezes ainda duvido que realmente ele me tenha pedido a mão de Henriqueta!

D. MARIA — Ora! É demais! (*Sobem.*)

AZEVEDO (*Chegando-se à Carlotinha e Henriqueta*) — Aqui passa V. Exa. naturalmente as tardes, conversando com as suas flores, em doce e suave *rêverie*!

CARLOTINHA — Não tenho o costume de sonhar acordada; isso é bom para as naturezas poéticas.

AZEVEDO — *Les hommes sont poètes; les femmes sont la poésie*, disse um distinto escritor. (*Olhando um vaso*) Oh! Eis a flor clássica da beleza.

CARLOTINHA — A camélia?

AZEVEDO — Sim, a camélia é hoje em Paris mais do que uma simples flor; é uma condecoração que a moda, verdadeiramente soberana, dá à mulher elegante como um distintivo.

CARLOTINHA — Parece-me que uma senhora não precisa de outro distintivo além de suas maneiras e de sua graça natural. Que dizes, Henriqueta?...

HENRIQUETA — Tens razão, Carlotinha; não é o enfeite que faz a mulher; é a mulher que faz o enfeite, que lhe dá a expressão e o reflexo de sua beleza.

AZEVEDO (*Voltando as costas*)— Teorias!... *Fumées d'esprit*... (*A Carlotinha*.) Mas, minha senhora, disse há pouco que se podia fazer deste jardim um paraíso!

CARLOTINHA — Como? Diga-me; quero executar perfeitamente o seu plano.

AZEVEDO — Com muito gosto. Vou traçar-lhe em miniatura o jardim de minha casa, D. Henriqueta.

CARLOTINHA (*Baixo à Henriqueta*) — Deixo-te só! (*Dá o braço a Azevedo*.)

AZEVEDO (*Afastando-se*) — Aqui *un jet d'eau*. À noite é de um efeito maravilhoso! Além de que espalha uma frescura! (*Afastam-se*.)

CENA IX
Os mesmos, Henriqueta, Eduardo, Vasconcellos,
D. Maria

(*Henriqueta desfolha uma flor.*)

HENRIQUETA — Sim... Não... Sim... (*Sorri*) (*Pausa. Eduardo aparece; e sem ser visto olha um momento Henriqueta.*)

EDUARDO (*Cumprimentando*) — D. Henriqueta!

HENRIQUETA — Ah!... Sr. Eduardo!

(*Eduardo sobe a cena; Vasconcellos e D. Maria descem; encontram-se.*)

VASCONCELLOS — Como está? Eu não passo bem das minhas enxaquecas! (*Aperta a mão.*)

D. MARIA — É do tempo!

VASCONCELLOS — Qual, D. Maria! Moléstia de velho! (*Olhando*) Onde está ele? (*A Eduardo*) Quero apresentar-lhe meu futuro genro. (*Descem a cena.*)

EDUARDO — Conheço-o; é um dos meus camaradas de colégio!

VASCONCELLOS — Ah! Estimo muito. (*A D. Maria*) Eu cá não tenho camaradas de colégio; mas tenho os de fogo! Na guerra da Independência...

CENA X
Os mesmos, Carlotinha, Azevedo

AZEVEDO — Acabo de dar um passeio pelos Campos Elíseos!

CARLOTINHA — Na imaginação... É lisonjeiro para mim! (*Solta o braço e dirige-se à Henriqueta.*)

EDUARDO (*Voltando-se*) — Boa tarde, Azevedo! (*Apertam-se as mãos.*)

HENRIQUETA (*A Carlotinha*) — Ah! Nunca esperei!

CARLOTINHA — O quê?

HENRIQUETA — Tu me iludiste! (*Afastam-se.*)

AZEVEDO (*A Eduardo*) — Participo-te, meu caro, que tens uma irmã encantadora. Estou realmente fascinado. A sua conversa é uma *gerbe* de graça; uma *fusée* de ditos espirituosos!

EDUARDO (*Com ironia*) — Admira! Pois nunca foi a Paris, nem está habituada a conversar com os moços elegantes!...

AZEVEDO — É realmente *étonnant*!...

VASCONCELLOS — Ora, meu genro, se o Sr. continua a falar desta maneira, obriga-me a trazer no bolso daqui em diante um dicionário de Fonseca.

AZEVEDO (*Voltando as costas*) — Os estrangeiros têm razão! Estamos ainda muito atrasados no Brasil!

CARLOTINHA (Com o braço passado pela cintura de Henriqueta) — Hás de ver se te enganei!

D. MARIA — Entremos, é quase noite!

Ato III

Sala interior dá casa de Eduardo; no fundo vê-se a sala de jantar; ao lado esquerdo está a sala de visitas, ao lado direito a escada. Mobília simples. Mesa redonda no centro; ao lado esquerdo uma conversadeira; ao lado direito outra: junto das conversadeiras mesas de charão. Aparadores com luzes aos lados.

EM CASA DE EDUARDO.
SALA INTERIOR.

CENA I
Eduardo, Henriqueta, Carlotinha, Azevedo,
Vasconcellos, D. Maria, Pedro, Jorge

Toma-se chá. Na mesa do centro, Carlotinha e Azevedo; à direita, Vasconcellos e D. Maria; à esquerda, Henriqueta; Eduardo passeia; Jorge numa banquinha à esquerda. Pedro serve.

CARLOTINHA (*Rindo-se alto*) — Ora, Sr. Azevedo! Pois o senhor esteve em Paris e não aprendeu a fazer chá?...

AZEVEDO — Paris, minha senhora, não sabe tomar chá, é o privilégio de Londres.

D. MARIA (*A Pedro*) — Serve ao Sr. Vasconcellos.

PEDRO (*Baixo, a Jorge*) — Eh! Nhonhô! Hoje não fica pão no prato, velho jarreta limpa a bandeja. (*Vai servir.*)

VASCONCELLOS — Excelentes fatias! É uma coisa que em sua casa sabem preparar!

CARLOTINHA (*Servindo-se*) — Mano Eduardo, venha tomar chá.

EDUARDO — Não; depois.

PEDRO (*Baixo, a Carlotinha*) — Nhanhã está enfeitiçando o moço!

CARLOTINHA — Henriqueta, não dizes nada! Estás tão caladas!

HENRIQUETA (*Olhando Eduardo*) — Tu me deixaste sozinha.

CARLOTINHA (*A Eduardo*) — Tens razão!... Ora, mano, deixe-se de passear e venha conversar com a gente.

AZEVEDO — É verdade. Em que pensas, Eduardo? Na homeopatia ou nalguma beleza *inconnue*?

EDUARDO — Penso na teoria do casamento que me expuseste esta manhã; estou convertido às tuas ideias.

AZEVEDO — Ah!... (*Disfarçando*) D. Carlotinha, não quer que a sirva? (*Carlotinha agradece.*)

CARLOTINHA (*Ergue-se, a Eduardo.*) — Vai te sentar junto de Henriqueta.

EDUARDO (*Baixo*) — Não, se me sento junto dela esqueço tudo. O meu amor não deve faltar enquanto não tiver cumprido o meu dever. Tu me lembraste há pouco que sou o chefe de uma família.

CARLOTINHA — Não te entendo.

EDUARDO — Daqui a pouco entenderás.

D. MARIA (*Aproximando-se*) — Tens alguma coisa, meu filho?

EDUARDO — Não, minha mãe; espero alguém que tarda. (*D. Maria vai à sala de jantar.*)

CARLOTINHA (*A Henriqueta*) — Não te zangues!... (*Beija-a na face.*)

HENRIQUETA — Não, já estou habituada. (*Carlotinha senta-se.*)

PEDRO (*Servindo Henriqueta*) — Sr. moço Eduardo gosta muito de sinhá Henriqueta.

HENRIQUETA — Agora é que me dizes isto!

PEDRO — Ele há de casar com sinhá!

AZEVEDO (*Alto*) — D. Maria, sabe? Sua filha está zombando desapiedadamente de mim.

CARLOTINHA — Não creia, mamãe.

D. MARIA — Decerto; não é possível, Sr. Azevedo!

VASCONCELLOS (*A Pedro*) — Deixa ver isto!

PEDRO (*Baixo e servindo.*) — Sr. Vasconcellos come como impingem!

VASCONCELLOS — Hein!... (*D. Maria senta-se.*)

PEDRO — Este pão está muito gostoso!

JORGE — Vem cá, Pedro!

PEDRO (*Baixo*) — Guarda, nhonhô! Sinhá velha está só com olho revirado para ver se Pedro mete biscoito no bolso. (*Jorge levanta-se.*)

CARLOTINHA — Ora, Sr. Azevedo, não gosto de cumprimentos. (*Ergue-se*) Todo esse tempo, Henriqueta, o teu noivo não fez outra coisa senão dirigir-me finezas. Previno-te para que não acredites nelas!

HENRIQUETA (*Erguendo-se*) — Estás tão alegre hoje, Carlotinha.

CARLOTINHA (*Baixo a Henriqueta*) — Isto quer dizer que estás triste! Tens razão! Fui egoísta. Mas ele te ama.

HENRIQUETA — Tu o dizes!

AZEVEDO (*A Eduardo*) — Realmente não pensava encontrar no Rio de Janeiro uma moça tão distinta como tua irmã. É uma verdadeira parisiense.

CARLOTINHA — Vamos para a sala! Venha Sr. Azevedo. Mano... (Saem.)

CENA II
Vasconcellos, Pedro, D. Maria, Jorge

VASCONCELLOS — É preciso também pensar em casar a Carlotinha, D. Maria; já é tempo!

D. MARIA — Sim, está uma moça; mas, Sr. Vasconcellos, não me preocupo com isto. Há certas mães que desejam ver-se logo livres de suas filhas, e que só tratam de casá-las; eu sou o contrário.

VASCONCELLOS — Tem razão; também eu se não estivesse viúvo!... Mas isso de um homem não ter a sua dona de casa, é terrível! Anda tudo às avessas.

D. MARIA — Por isso não; Henriqueta é uma boa menina! Bem-educada!...

VASCONCELLOS — Sim, é uma moça do tom; porém não serve para aquilo que se chama uma dona de casa! Estas meninas de hoje aprendem muita coisa: francês, italiano, desenho e música, mas não sabem fazer um bom doce de ovos, um biscoito gostoso! Isto era bom para o nosso tempo, D. Maria!

D. MARIA — Eram outros tempos, Sr. Vasconcellos; os usos deviam ser diferentes. Hoje as moças são educadas para a sala; antigamente eram para o interior da casa!

VASCONCELLOS — Que é o seu verdadeiro elemento. Confesso que hoje, que vou ficar só, se ainda encontrasse uma daquelas senhoras do meu tempo, mesmo viúva!...

D. MARIA (*Ergue-se*) — Vamos ouvir as meninas tocarem piano!... Cá deve estar mais fresco!

(*Durante as cenas seguintes ouve-se, por momentos, o piano.*)

CENA III
Pedro, Jorge

(*Rindo e batendo na bochecha.*)

PEDRO — Hó!... Tábua mesmo na bochecha! Sinhá velha não brinca! Ora, senhor. Homem daquela idade, que não serve para mais nada, querendo casar! Parar ter mulher que lhe tome pontos nas meias!

JORGE — Vou me divertir com ele.

PEDRO — Não; sinhá briga. Vá sentar-se lá junto de nhanhã Carlotinha, e ouça o que o Sr. Azevedo está dizendo a ela.

JORGE — Para quê?

PEDRO — Para contar a Pedro depois.

JORGE — Eu, não.

PEDRO — Pois Pedro não leva nhonhô para passear na rua do Ouvidor.

JORGE — Ora, eu já vi!

PEDRO — Mas agora é que está bonita! Tem homem de pau vestido de casaca, com barba no queixo em pé na porta da loja, e moça rodando como corrupio na vidraça de cabeleireiro!

JORGE — Está bom! Eu vou! (*Entra Vasconcellos da sala como procurando alguma coisa.*)

CENA IV
Pedro, Vasconcellos, Jorge

VASCONCELLOS (*Entrando*) — Não deixaria por aqui a minha caixa e o meu lenço? (*Procurando.*)

PEDRO (*A Jorge*) — Um dia é capaz também de deixar o nariz!... Vintém é que não esquece nunca! Está grudado dentro do bolso!

JORGE — Lá no sofá, Sr. Vasconcellos!

VASCONCELLOS — Ah! Cá está! (*Abrindo a caixa*) Acabou-se-me o rapé! Chega aqui, Pedro!

PEDRO (*A Jorge*) — Já vem maçada! (*Alto*) Sr. quer alguma coisa?

VASCONCELLOS — Vai num pulo ali em casa, pede a Josefa que me encha esta caixa de rapé, e traze depressa.

PEDRO — Sim, senhor; Pedro vai correndo.

VASCONCELLOS — Olha, não te esqueças de dizer-lhe que eu sei a altura em que deixei o pote. Às vezes gosta de tomar a sua pitada à minha custa. (*Vai sair*.)

PEDRO — Mas, Sr. Vasconcellos...

VASCONCELLOS (*Voltando-se*) — O que é? (*Jorge sai*.)

PEDRO — Nhonhô dá uns cobres para comprar... uma jaqueta.

VASCONCELLOS — Ora que luxo!... Uma jaqueta com este calor?

PEDRO — É para passear num domingo, dia de procissão!

VASCONCELLOS — Pede a teu senhor!

PEDRO — Qual!... Ele não dá!

VASCONCELLOS — Bom costume este! Vocês fazem pagar caro o chá que se toma nestas casas! Mas eu não concorro para semelhante abuso!

PEDRO — Ora! Dez tostões; moedinha de prata! Chá no hotel custa mais caro!

VASCONCELLOS — Sim; vai buscar o rapé e na volta falaremos. (*Sai*.)

(*Batem palmas. Pedro vai à escada, conduz Alfredo e sai de novo; ao mesmo tempo entra Eduardo da esquerda*.)

CENA V
Eduardo, Alfredo

ALFREDO (*Alfredo, entrando*) — Boa noite. (*Adiantando-se.*) Ah! Dr. Eduardo...

EDUARDO — Sente-se, Sr. Alfredo; preciso falar-lhe.

ALFREDO — Peço-lhe desculpa de me ter demorado; mas quando levaram o seu bilhete não estava em casa; há pouco é que o recebi e imediatamente...

EDUARDO — Obrigado; o que vou dizer-lhe é para mim de grande interesse, e por isso espero que me ouça com atenção.

ALFREDO — Estou às suas ordens. (*Sentam-se.*)

EDUARDO (*Tirando a carta*) — Sr. Alfredo, minha irmã me pediu que lhe entregasse esta carta.

ALFREDO — A minha!...

EDUARDO — Sim. Quanto à resposta, é a mim que compete dá-la. É o direito de um irmão, não o contestará, decerto.

ALFREDO (*Erguendo-se*) — Pode fazer o que entender. (*Ergue-se.*)

EDUARDO — Queria sentar-se, senhor; creio que falo a um homem de honra, que não deve envergonhar-se dos seus atos.

ALFREDO — Eu o escuto!

EDUARDO — Não pense que vou dirigir-lhe exprobrações. Todo o homem tem o direito de amar uma mulher; o amor é um sentimento natural e espontâneo, por isso não estranho, ao contrário, estimo, que minha irmã inspirasse uma afeição a uma pessoa cuja caráter aprecio.

ALFREDO — Então não sei para que essa espécie de interrogatório!...

EDUARDO — Interrogatório? Ainda não lhe fiz uma só pergunta, e nem preciso fazer. Tenho unicamente um obséquio a pedir-lhe; e depois nos separaremos amigos ou simples conhecidos.

ALFREDO — Pode falar, Dr. Eduardo. Começo a compreendê-lo; e sinto ter a princípio interpretado mal as suas palavras.

EDUARDO — Ainda bem! Eu sabia que nos havíamos de entender; posso ser fraco. Um homem que ama realmente uma moça, Sr. Alfredo, não deve expô-la ao ridículo e aos motejos dos indiferentes; não deve deixar que a sua afeição seja um tema para a malignidade dos vizinhos e dos curiosos.

ALFREDO — É uma acusação imerecida. Não dei ainda motivos...

EDUARDO — Estou convencido disso, e é justamente para que não os dê e não siga o exemplo de tantos outros, que tomei a liberdade de escrever-lhe convidando-o a vir aqui esta noite. Quero apresentá-lo à minha família.

ALFREDO — Como? Apesar do que sabe? E do que se passou?

EDUARDO — Mesmo pelo que sei e pelo que se passou. Tenho a este respeito certas ideias, não sou desses homens que entendem que a reputação de uma mulher deve ir até o ponto de não ser amada. Mas é no seio de sua família, ao lado de seu irmão, sob o olhar protetor de sua mãe, que uma moça deve receber o amor puro e casto daquele que ela tiver escolhido.

ALFREDO — Assim, me permite...

EDUARDO — Não permito aquilo que é um direito de todos. Somente lhe lembrarei uma coisa, e para isso não é necessário invocar a amizade. Qualquer alma, ainda a mais indiferente, compreenderá o alcance do que vou dizer.

ALFREDO — Não sei o que quer lembrar-me, doutor; se é, porém, o respeito que me deve merecer sua irmã, é escusado.

EDUARDO — Não, não é isso; nesse ponto confio no seu caráter, e confio sobretudo em minha irmã. O que lhe peço é que, antes de aceitar o oferecimento que lhe fiz, reflita. Se a sua afeição é um capricho passageiro, não há necessidade de vir buscar no seio da família a flor modesta que se oculta na sombra e que perfuma com a sua pureza a velhice de uma mãe, e os íntimos gozos da vida doméstica. O senhor é um moço distinto; pode ser recebido em todos os salões. Aí achará os protestos de um amor rapidamente esquecido; aí no delírio da valsa, e no abandono do baile, pode embriagar-se de prazer. E quando um dia sentir-se saciado, suas palavras não terão deixado num coração virgem o germe de uma paixão, que aumentará com o desprezo e o indiferentismo. Porque as mulheres de salão são como as plantas de estufa que vivem numa temperatura artificial, e que por conseguinte não sentem nem os raios do sol, nem o frio da noite.

ALFREDO — Sim, mas são plantas que dão flores desbotadas e sem aroma. Conheço-as bastante para fugir delas. A minha afeição, Dr. Eduardo, é seria e não se parece com esses amores de um dia!

EDUARDO — Bem; é o que desejava ouvir-lhe. (*Vai à porta da sala, e faz um aceno.*)

CENA VI
Os mesmos, Carlotinha

EDUARDO — Vem, mana; quero apresentar-te um dos meus amigos.

ALFREDO (*Pertubado*) — Minha senhora!... Estimo muito!...

CARLOTINHA — Agradeço!... (*A Eduardo, e à meia--voz*) — Mano!... Que quer dizer isto?

EDUARDO — Uma coisa muito simples! Desejo que vejas de perto o homem que te interessa; conhecerás se ele é digno de ti.

CARLOTINHA (*Com arrufo*) — Não quero!... Não gosto dele!

EDUARDO (*Rindo-se*) — Dir-lhe-ás isto mesmo. Em todo o caso é um amigo de teu irmão! (*A Alfredo*) Previno--lhe, Sr. Alfredo, que não usamos cerimônias!

ALFREDO — Obrigado; quando se está entre amigos a intimidade é a mais respeitosa e mais bela das etiquetas.

EDUARDO — Muito bem dito! (*Pedro atravessa a cena, entra na sala com a caixa de rapé, volta, e vem aparecer na porta da direita junto ao proscênio.*)

D. MARIA (*Entrando*) — Henriqueta te chama, Carlotinha!

CARLOTINHA — Sim, mamãe! (*Sai.*)

EDUARDO (*A Alfredo*) — É minha mãe! (*A D. Maria*) Um dos meus amigos, o Sr. Alfredo, que vem pela primeira vez a nossa casa e que, espero, continuará a frequentá-la.

ALFREDO — Terei nisto o maior prazer. Eu estimava já, sem conhecê-la, a família do Dr. Eduardo.

D. MARIA — Pois venha sempre que queira. Os amigos de Eduardo são aqui recebidos como filhos da casa!

ALFREDO — Não mereço tanto; e a sua bondade, minha senhora, honra-me em extremo.

EDUARDO — Vamos, estão aqui na sala algumas pessoas de nossa amizade, a quem desejo apresentá-lo.

ALFREDO — Com muito gosto.

D. MARIA — Eu já volto! (*Saem os dois à direita. D. Maria pelo fundo. Pedro entra no gabinete.*)

CENA VII
Pedro, Carlotinha

CARLOTINHA — Pedro, traz copos d'água na sala.

PEDRO — Hó! Nhanhã!... Rato está dentro do queijo!

CARLOTINHA — Não te entendo!

PEDRO — Sr. Alfredo já sentado junto do piano, só alisando o bigodinho!

CARLOTINHA (*Rindo*) — Que tem isso?

PEDRO — Eh!... Casamento está fervendo! Pedro vai mandar lavar camisa de prega para o dia do banquete.

CARLOTINHA — Não andes dizendo estas coisas!

PEDRO — Ora não faz mal! E Sr. Azevedo? Nhanhã viu! Está caído também, só arrastando a asa!

CARLOTINHA (*Entra na sala*) — Pedro! (*Rindo-se.*)

CENA VIII
D. Maria, Eduardo

(*Entra do D. Maria de um lado e Eduardo do fundo.*)

D. MARIA — Onde vais?

EDUARDO — Vinha mesmo em sua procura, minha mãe.

D. MARIA — Precisas falar-me?

EDUARDO — Quero dizer-lhe uma coisa que lhe interessa. Este moço, Alfredo...

D. MARIA — O teu amigo... que me apresentaste?

EDUARDO — Ama Carlotinha!

D. MARIA — Ah! E ela sabe?

EDUARDO — Sabe, e talvez já o ame!

D. MARIA — Não é possível! Tua irmã!...

EDUARDO — Sim, minha mãe; ela o ama, sem compreender ainda o sentimento que começa a revelar-se.

D. MARIA — E esse moço abriu-se contigo e pediu-te a mão de tua irmã?

EDUARDO — Não, minha mãe; eu disse-lhe que sabia a afeição que tinha a Carlotinha, e por isso queria apresentá-lo à minha família.

D. MARIA — E exigiste dele a promessa de casar-se com ela?

EDUARDO — Não; não exigi promessa alguma.

D. MARIA — Foi ele então que a fez espontaneamente?

EDUARDO — Não podia fazer, porque não tratamos de semelhante coisa.

D. MARIA — Mas, meu filho, não te entendo. Tu chamas para o interior da família um homem que faz a corte à tua irmã e nem sequer procuras saber as suas intenções!

EDUARDO — As intenções de um homem, ainda o mais honrado, minha mãe pertencem ao futuro, que faz delas uma realidade ou uma mentira. Para que obrigar um moço honesto a mentir e faltar à sua palavra?...

D. MARIA — Assim, tu julgas que é inútil pedir ou receber uma promessa?

EDUARDO — Completamente inútil, quando a promessa não constitui uma verdadeira obrigação social e um direito legítimo.

D. MARIA — Bem, neste caso não vejo que necessidade tinhas de aproximar de tua irmã, de trazeres para casa, um homem que pode roubar o sossego de tua família.

EDUARDO — A razão?... Foi mesmo para que ele soubesse respeitar o sossego e a tranquilidade dessa família em cujo seio é recebido.

D. MARIA — Não te percebo!...

EDUARDO — É preciso conhecer o coração humano, minha mãe, para saber quanto as pequeninas circunstâncias influem sobre os grandes sentimentos. O amor, sobretudo, recebe a impressão de qualquer acidente, ainda o mais imperceptível. O coração que ama de longe, que concentra o seu amor por não poder exprimi-lo, que vive separado pela distância, irrita-se com os obstáculos, e procura vencê-los para aproximar-se. Nessa luta da paixão cega todos os meios são bons: o afeto puro muitas vezes degenera em desejo insensato e recorre a esses ardis de que um homem calmo se envergonharia; corrompe os nossos escravos, introduz a imoralidade no seio das famílias, devassa o interior da nossa casa, que deve ser sagrado como um templo, porque realmente é o templo da felicidade doméstica.

D. MARIA — Nisto tens razão, meu filho! É essa a causa de tantas desgraças que se dão na nossa sociedade e com pessoas bem respeitáveis; mas qual o meio de evitá-las?

EDUARDO — O meio?... É simples; é aquele que acabo de empregar e que vosmecê estranhou. Tire ao amor os obstáculos que o irritam, a distância que o fascina, a contrariedade que o cega, e ele se tornará calmo e puro como a essência de que dimana. Não há necessidade de recorrer a meios ocultos, quando se pode ver e falar livremente; no meio de uma sala, no seio da intimidade, troca-se uma palavra de afeto, um sorriso, uma doce confidência; mas, acredite-me, minha mãe, não se fazem as promessas e concessões perigosas que só arranca o sentimento da impossibilidade.

D. MARIA — Mas supõe que esse homem, que parece ter na sociedade uma posição honesta, não é digno de tua irmã, e que, portanto, com este meio, proteges uma união desigual?

EDUARDO — Não tenho esse receio. Ninguém conhece melhor o homem que a ama, do que a própria mulher amada; mas para isso é preciso que o veja de perto, sem o falso brilho, sem as cores enganadoras que a imaginação empresta aos objetos, desconhecidos e misteriosos. Numa carta apaixonada, numa entrevista alta noite; um desses nossos elegantes do

Rio de Janeiro pode parecer-se com um herói de romance aos olhos de uma menina inexperiente; numa sala, conversando, são, quando muito, moços espirituosos ou frívolos. Não há heróis de casaca e luneta, minha mãe, nem cenas de drama sobre o eterno tema do calor que está fazendo.

D. MARIA (*Rindo*) — Pensas bem, Eduardo!

EDUARDO — Continue a educar o espírito da sua filha como tem feito até agora; e fique certa que, se Alfredo tivesse uma alma pequena e um mau caráter, Carlotinha descobriria primeiro, com a segunda vista do amor, do que a senhora com toda a sua solicitude e eu com toda a minha experiência.

D. MARIA — Desculpa, Eduardo. Sou mulher, sou mãe, sei adorar meus filhos, viver para eles, mas não conheço o mundo como tu. Assustei-me vendo que um perigo ameaçava tua irmã; tuas palavras, porém, tranquilizaram-me completamente.

CENA IX
Os mesmos, Carlotinha, Azevedo

(*Carlotinha dirige-se a Eduardo.*)

AZEVEDO — Pode-se fumar nesta sala?

EDUARDO — Por que não? Vou mandar-lhe dar charutos.

CARLOTINHA (*Baixo a Eduardo*) — Por que nos deixou, mano? Henriqueta está tão triste!

EDUARDO — Tratava da tua felicidade.

D. MARIA — Acha a nossa casa muito insípida, não é verdade, Sr. Azevedo?

AZEVEDO — Ao contrário, minha senhora, muito agradável; aqui pode-se estar perfeitamente *à son aise*.[1]

EDUARDO (*A Pedro, na porta*) — Traz charutos e luz. (*D. Maria e Carlotinha entram na sala.*)

CENA X
Azevedo, Eduardo

AZEVEDO (*Sentando-se em uma conversadeira*) — Realmente, Henriqueta perde vista em uma sala; não tem aquele espírito que brilha, aquela graça que seduz, aquela altivez misturada de uma certa *nonchalance*,[2] que distingue a mulher elegante!

EDUARDO (*Rindo-se*) — Como! Já estás arrependido?

AZEVEDO — Não; não digo isto! É apenas uma comparação que acabo de fazer. Tua irmã Carlotinha é o contrário... (*Pedro entra.*)

EDUARDO — Sabes a razão disto?

AZEVEDO — Não...

EDUARDO (*Saindo*) — É porque já vês Henriqueta com olhos de marido!

AZEVEDO — Talvez...

---

[1] "à vontade."
[2] "indiferença."

CENA XI
Azevedo, Pedro (*Entrando.*)

PEDRO — Charutos, Sr. Azevedo; havanas de primeira qualidade, da casa de Wallerstein!

AZEVEDO (*Sorrindo*) — Pelo que vejo já os experimentastes! (*Toma os charutos.*)

PEDRO — Pedro não fuma, não senhor; isto é bom para moço rico, que passeia de tarde, vendo as moças.

AZEVEDO (*Rindo*) — Então é preciso fumar para ver as moças?

PEDRO — Oh! Moça não gosta de rapaz que toma rapé, não, como esse velho Sr. Vasconcellos, que anda sempre pingando. Velho porco mesmo!...

AZEVEDO (*Rindo*) — Mas tem uma filha bonita!

PEDRO — Sinhá Henriqueta! Noiva de senhor!...

AZEVEDO — Tu já sabes?...

PEDRO — Ora, já está tudo cheio. Na rua do Ouvidor não se fala de outra coisa.

AZEVEDO — Ah! Quem espalharia? Apenas participei a alguns amigos...

PEDRO — O velho foi logo dizer a todo o mundo. Vosmecê não sabe por quê?

AZEVEDO — Não; por quê?

PEDRO — Porque... Esse velho deve àquela gente toda da rua do Ouvidor; filha dele gasta muito, credor não quer mais ouvir história e vai embrulhar o homem em papel selado. Então, para acomodar lojista, foi logo contar que estava para casar a filha com sujeito rico, que há de cair com os cobres!

AZEVEDO — Isso é verdade, moleque?

PEDRO — Caixeiro da loja me contou!

AZEVEDO — Mas é infame... Um tal procedimento!... Especular com a minha boa-fé!

PEDRO — Sr. Azevedo, não faz ideia. Esse velho, hi!... Tem feito coisas!...

AZEVEDO — Vem cá; diz-me o que sabes, e dou-te uma molhadura.[3]

PEDRO — Pedro diz, sim senhor; mesmo que vosmecê não dê nada. É um homem que ninguém pode aturar... Fala mal de todo o mundo. Caloteiro como ele só! Rapé que toma é de meia cara. Na venda ninguém lhe fia nem um vintém de manteiga. Quando passa na rua, caixeiro, moleque, tudo caçoa!

AZEVEDO — Um sogro dessa qualidade!... É uma vergonha! Vejo-me obrigado a ir viver na Europa!...

PEDRO — Pedro já vem!... (*Vai à porta espiar e volta*) Filha dele, sinhá Henriqueta... Mas Sr. Azevedo vai casar com ela!...

AZEVEDO — Que tem isso? Gosto de conhecer as pessoas com quem tenho de viver.

PEDRO — Pois então, Pedro fala; mas não diga a ninguém.

---

[3] Cachaça, aguardente.

AZEVEDO — Podes ficar descansado!

PEDRO — Sr. Azevedo acha ela bonita?

AZEVEDO — Acho; por isso é que me caso.

PEDRO — Moça muda muito vista na sala!

AZEVEDO — Que queres dizer?

PEDRO — Modista faz milagre!

AZEVEDO — Então ela não é benfeita de corpo?

PEDRO — Corpo?... Não tem! Aquilo tudo que senhor vê é pano só! Vestido vem acolchoado da casa da Bragaldi; algodão aqui (*Cadeiras*), algodão aqui (*Peito*), algodão aqui! (*Braços*) Cinturinha faz suar rapariga dela; uma aperta de lá, outra aperta de cá e barriga gemendo só!

AZEVEDO — Não acredito! Estás aí a pregar-me mentiras.

PEDRO — Mentira! Pedro viu com estes olhos. Um dia de baile ela foi tomar respiração, cordão quebrou; e rapariga, bum: lá estirada. Moça ficou desmaiada no sofá; preta deitando água-de-colônia na testa para voltar a si.

AZEVEDO — E tu viste isto?

PEDRO — Vi, sim senhor; Pedro tinha ido levar *bouquet* que nhanhã Carlotinha mandava. Mas depois viu outra coisa... Um!...

AZEVEDO — Que foi? Dize; não me ocultes nada.

PEDRO — Água-de-colônia caiu no rosto e desmanchou reboque branco!...

AZEVEDO — Que diabo de história é esta! Reboque branco?

PEDRO — Ora, senhor não sabe; este pó que mulher deita na cara com pincel. Sinhá Henriqueta tem rosto pintadinho, como ovo de peru; para não aparecer, caia com pó de arroz e essa mistura que cabeleireiro vende.

AZEVEDO — Que mulher, meu Deus! Como um homem vive iludido neste mundo! Aquela candura...

PEDRO — Moça bonita é nhanhã Carlotinha! Essa sim! Não tem cá panos, nem pós! Pezinho de menina; cinturinha benfeitinha; não carece apertar! Sapatinho dela parece brinquedo de boneca. Cabelo muito; não precisa de crescente. Não é como a outra!

AZEVEDO — Então D. Henriqueta tem o pé grande?

PEDRO (*Fazendo o gesto*) — Isto só! Palmo e meio!... Às vezes nhanhã Carlotinha e as amigas zombam deveras! Mas não pergunte a ela, não? Sinhá velha fica maçada.

AZEVEDO — Não; não me importo com isto; mas vem cá; dize-me, nhanhã Carlotinha não gosta de moço nenhum?

PEDRO — Qual! Zomba deles todos. Esse rapaz, Sr. Alfredo, anda se engraçando, mas perde seu tempo. Homem sério assim, como Sr. Azevedo, é que agrada a ela.

AZEVEDO — Então pensas que...

PEDRO — Pedro não pensa nada! Viu só quando se tomava chá, risozinho faceiro... segredinho baixo...

AZEVEDO (*Desvanecido*) — Não quer dizer nada!... Moças!...

CENA XII
Os mesmos e Alfredo

ALFREDO (*Na porta da sala, a Eduardo*) — Não se incomode. Boa noite!... (*Tira um charuto e dirige-se a Azevedo.*)

PEDRO (*Baixo*) — Então, Sr. Alfredo!...

ALFREDO (*Com severidade*) — Deixa-me.

PEDRO (*À meia voz*) — Está todo emproado!... Como não precisa mais...

AZEVEDO (*Dando fogo a Alfredo*) — Pedro, amanhã vai à minha casa; tenho uns livros para mandar a Eduardo.

PEDRO — Sim, senhor. A que horas?

AZEVEDO — Depois do almoço.

CENA XIII
Alfredo, Azevedo

ALFREDO — É raro encontrá-lo agora, Sr. Azevedo. Já não aparece nos bailes, nos teatros.

AZEVEDO — Estou-me habituando à existência monótona da família.

ALFREDO — Monótona?

AZEVEDO — Sim. Um piano que toca; duas ou três moças que falam de modas; alguns velhos que dissertam sobre a carestia dos gêneros alimentícios e a diminuição do peso do pão; eis um verdadeiro *tableau*[4] de família no Rio

---

[4] "um verdadeiro retrato".

de Janeiro. Se fosse pintor faria um primeiro *prix au Conservatoire des Arts*.[5]

ALFREDO — E havia de ser um belo quadro, estou certo; mais belo sem dúvida do que uma cena de salão.

AZEVEDO — Ora, meu caro, no salão tudo é vida; enquanto aqui, se não fosse essa menina que realmente é espirituosa, D. Carlotinha, que faríamos, senão dormir e abrir a boca?

ALFREDO — É verdade; aqui dorme-se, porém sonha-se com a felicidade; no salão vive-se, mas a vida é uma bem triste realidade. Em vez de um piano há uma rabeca; as moças não falam de modas, mas falam de bailes; os velhos não dissertam sobre a carestia, mas ocupam-se com a política. Que diz deste quadro, Sr. Azevedo, não acha que também vale a pena de ser desenhado por um hábil artista, para a nossa "Academia de Belas-Artes"?

AZEVEDO — A nossa "Academia de Belas-Artes"? Pois temos isto aqui no Rio?

ALFREDO — Ignorava?

AZEVEDO — Uma caricatura, naturalmente... Não há arte em nosso país.

ALFREDO — A arte existe, Sr. Azevedo, o que não existe é o amor dela.

AZEVEDO — Sim, faltam os artistas.

ALFREDO — Faltam os homens que os compreendam; e sobram aqueles que só acreditam e estimam o que vem do estrangeiro.

---

[5] "Prêmio no Conservatório de Artes."

AZEVEDO (*Com desdém*) — Já foi a Paris, Sr. Alfredo?

ALFREDO — Não, senhor; desejo, e ao mesmo tempo receio ir.

AZEVEDO — Por que razão?

ALFREDO — Porque tenho medo de, na volta, desprezar o meu país, ao invés de amar nele o que há de bom e procurar corrigir o que é mau.

AZEVEDO — Pois aconselho-lhe que vá quanto antes! (*Dançando o charuto*) Vamos ver estas senhoras!

ALFREDO — Passe bem. (*Alfredo levanta-se toma o chapéu.*)

CENA XIV
Os mesmos, Carlotinha, Henriqueta

CARLOTINHA (*A Henriqueta*) — Já tão cedo? Que horas são, Sr. Azevedo?

ALFREDO — Nove e meia.

AZEVEDO — Quase dez. Como passa rapidamente o tempo aqui! (*Entra na sala.*)

CARLOTINHA — Então! Demora-te mais algum tempo. Sim?

HENRIQUETA (*Baixo*) — Para quê?... Ele nem me fala!

ALFREDO — Minhas senhoras! Boa noite, D. Carlotinha.

CARLOTINHA — Adeus, Sr. Alfredo. Mamãe já lhe disse que a nossa casa está sempre aberta para receber os amigos.

ALFREDO — Se eu não temesse abusar...

CARLOTINHA (*Estendendo-lhe a mão*) — Até amanhã!

ALFREDO (*Cumprimenta*) — Boa noite! (*Sai.*)

CENA XV
Carlotinha, Henriqueta

CARLOTINHA — Olha, Henriqueta! Tu não tens razão! Eduardo te ama, ele já me disse. Se hoje não tem falado contigo, é porque teu pai... teu noivo... não sei a razão! Mas deixa-te dessas desconfianças.

HENRIQUETA — Entretanto, depois de dois meses, ele devia achar um momento para ao menos dizer-me uma palavra que me desse esperança; porque, Carlotinha, se esse casamento era uma desgraça para mim, agora, que tu dizes que ele me ama, tornou-se um martírio! Não sei o que faça... Quero confessar a meu pai!... E tenho medo!... Já deu sua palavra!...

CARLOTINHA — A tua felicidade vale mais do que todas as palavras do mundo.

HENRIQUETA — Tu não sabes!...

CARLOTINHA — Ah! Aqui está Eduardo!

CENA XVI
As mesmas, Eduardo

EDUARDO — Enfim, posso falar-lhe, D. Henriqueta?

CARLOTINHA — Ela já te acusava!

EDUARDO — A mim!

HENRIQUETA — Eu não; disse apenas...

CARLOTINHA — Disse apenas que tu ainda não tinhas achado um momento para dar-lhe uma palavra... de amor!

HENRIQUETA — De amizade! Foi o que eu disse.

EDUARDO — E tem razão; mas quando souber o motivo me desculpará.

HENRIQUETA — Ainda outro motivo!

EDUARDO — Sim; desta vez não é engano, é um dever.

HENRIQUETA — Ah! Uma promessa, talvez...

CARLOTINHA — Que lembrança!...

EDUARDO — Disse um dever; um dever bem grave, mas que tem um rostinho muito risonho; olhe (*Amimando a face de Carlotinha.*)

HENRIQUETA — Carlotinha!...

CARLOTINHA — Ah! Quer se desculpar comigo! Pois vou-me embora!

HENRIQUETA (*Sorrindo*) — Vem cá!

EDUARDO — Deixe; ficaremos sós. (*Senta-se Henriqueta.*)

CENA XVII
Eduardo, Henriqueta

(Henriqueta senta-se. Eduardo aproxima-se lentamente.)

EDUARDO — Henriqueta, me perdoa?

HENRIQUETA — Perdoar-lhe!... Eu é que devia ter adivinhado!...

EDUARDO — E eu não devia ter compreendido que entre duas almas que se estimam não é preciso um intermediário? O amor que passa pelos estranhos perde a sua pureza; e se ele é tão tímido, que teme revelar-se, e não acha uma palavra para exprimi-lo não se deve contentar com a linguagem muda que Deus lhe deu? Carlotinha já lhe disse que aconteceu?...

HENRIQUETA — Sim; ela me contou tudo, mas pareceu-me que tinha enganado. Duvidei...

EDUARDO — Como?... Duvidou de mim!...

HENRIQUETA — Durante toda esta noite, não é a primeira vez que nos falamos e, entretanto, devíamos ter tanto que dizer-nos... Um tão longo silêncio...

EDUARDO — Não lhe dei já a razão?... Antes do meu amor, a felicidade de minha irmã. É um pequeno segredo que ela lhe contará, se já não lhe contou. Precisava tranquilizar o meu espírito, porque não desejo misturar uma inquietação, um mau pensamento, às primeiras expansões do nosso amor!

HENRIQUETA — Ah! Carlotinha também ama! Ainda não me confiou seu segredo!... Ela ao menos tem um irmão que lê em sua alma; há de ser feliz!...

EDUARDO — E nós não o seremos?

HENRIQUETA — Quem sabe!

EDUARDO — Este casamento é impossível!

HENRIQUETA — Por quê?

EDUARDO — Porque vou confessar tudo a seu pai, e ele não sacrificará sua filha a uma palavra dada.

HENRIQUETA — E se recusar?

EDUARDO — Então respeitaremos sua vontade.

HENRIQUETA — Sim, ele é pai, mas...

EDUARDO — Mas o amor é soberano; não é isso, Henriqueta?

HENRIQUETA — E não se vende!

EDUARDO — Que dizes? Ah! Compreendo!

HENRIQUETA — Não, Eduardo, não compreenda, não procure compreender! Foi uma ideia louca que me passou pelo espírito; não sei nada!... Uma filha pode acusar seu pai?

EDUARDO — Não; mas pode confiar a um amigo uma queixa de outro amigo.

HENRIQUETA — Pois bem, eu lhe digo. Meu pai deve a esse homem, e julgou que não podia recusar-lhe a minha mão, apesar das minhas instâncias. Lutei um mês inteiro, Eduardo, mas lutei só; e uma mulher é sempre fraca, sobretudo quando se exige dela um sacrifício!

EDUARDO — Tem razão; se lutássemos juntos, talvez...

HENRIQUETA — Oh! Então eu defenderia a nossa felicidade; mas lutar para conservar apenas uma triste esperança!

CENA XVIII
Os mesmos, Vasconcellos, Azevedo, D. Maria

VASCONCELLOS (*Entrando*) — Vamos, menina! É tarde.

HENRIQUETA (*À meia voz*) — Sim, meu pai. (*À meia-voz.*) Adeus, Eduardo! Até!...

EDUARDO — Até sempre, Henriqueta!

HENRIQUETA — Carlotinha, meu chapéu?

CARLOTINHA — Toma! Estás mais contentezinha?

HENRIQUETA — Maliciosa!... (*Sobem.*)

AZEVEDO — Meu sogro, dispensa-me acompanhá-lo? Um homem não deve andar agarrado à sua *fiancée*.[6] É *mauvais genre*.[7]

VASCONCELLOS — Não se incomode. D. Maria, boa noite! Doutor!... (*Sobem.*)

EDUARDO — Uma palavra, Azevedo.

AZEVEDO — Às tuas ordens.

EDUARDO — Quanto te deve o Sr. Vasconcellos?

AZEVEDO — Uma bagatela! Dez contos de réis!

EDUARDO — Ah!

AZEVEDO — Por que perguntas?

---

[6] "noiva."
[7] "mau tipo."

EDUARDO — Porque desejava saber quanto custa uma mulher em primeira mão.

AZEVEDO (*Rindo*) — *Vraiment!*[8]

---
[8] "realmente."

Ato IV

Sala de visitas da casa de Eduardo; portas à direita e no fundo; janelas de grade de ferro à esquerda. Piano, aparadores, mesa do meio da sala; sofás, cadeiras, conversadeiras ou otomanas.

CASA DE EDUARDO.
SALA DE VISITAS.

CENA I
Eduardo, Henriqueta, Carlotinha, Pedro

(*Henriqueta sentada; Eduardo lendo uma carta; Carlotinha na janela; Pedro sacudindo os tapetes.*)

CARLOTINHA (*Baixo, a Pedro*) — Não passará ainda hoje?

PEDRO — Não sei, nhanhã.

CARLOTINHA — Estará doente?... Zangado comigo?... Por quê?

PEDRO — Não se importe mais com ele! Há tanto moço bonito! Sr. Azevedo... (*Carlotinha debruça-se na janela, Pedro vai colocar o tapete e sai; Eduardo senta-se junto de Henriqueta.*)

CENA II
Eduardo, Henriqueta, Carlotinha

EDUARDO — Quando eu lhe digo que espere, Henriqueta, é porque estou convencido de que há um meio de desfazer esse casamento sem a menor humilhação para seu pai.

HENRIQUETA — E esse meio qual é?

EDUARDO — Não lhe posso dizer; é meu segredo.

HENRIQUETA — Ah! Tem segredos para mim?

EDUARDO — É injusta fazendo-me essa exprobração, Henriqueta. Se não lhe falo francamente é porque não desejo que partilhe, ainda mesmo em pensamento, os desgostos, as contrariedades que eu há um mês tenho sofrido para conseguir esse meio de que lhe falei.

HENRIQUETA — Mas, Eduardo, uma parte dessas contrariedades me pertence, e por dois títulos: porque se trata de mim, e porque nos... estimamos!

EDUARDO — Porque nos amamos: é verdade! Mas nessa partilha igual que fazem duas almas irmãs da sua dor e do seu prazer, há a diferença das forças. À mulher cabe a parte do consolo, ou da ternura; ao homem, a parte da coragem e do trabalho.

HENRIQUETA — Então eu não tenho o direito de fazer também alguma coisa para a nossa felicidade?

EDUARDO — Não disse isto! Faz muito!

HENRIQUETA — Como? Se toma para si tudo e não me quer deixar nem mesmo a metade dos cuidados?

EDUARDO — E quem me dá a força para prosseguir e a fé para trabalhar? Não são esses momentos que todos os dias passamos juntos aqui ou em sua casa?

HENRIQUETA — Assim, não me quer dizer qual é essa esperança?

EDUARDO — Não desejo afligi-la com ideias mesquinhas. Os homens inventaram certas coisas, como os algarismos, o dinheiro e o cálculo, que não devem preocupar o espírito das senhoras.

HENRIQUETA — Por quê? Somos nós tão fracas de inteligência?...

EDUARDO — Não é por isso; é porque tiram-lhes o perfume e a poesia. Nunca fui à Europa, como Azevedo, mas acho que ele tem razão em um ponto, quando censura certos hábitos nossos. Alguns homens costumam fazer de sua esposa uma espécie de caixeiro doméstico, a que chamam *dona de casa*. Como se a mulher que Deus criou para uma tão nobre missão devesse descer a esses misteres de criado.

HENRIQUETA — Isso é muito bonito, mas não me diz o que desejo saber.

EDUARDO — O quê?

HENRIQUETA — O meio por que há de fazer o meu casamento.

EDUARDO — Ainda insiste; pois bem, hoje mesmo lhe direi.

HENRIQUETA (*Alegre*) — Sim?

EDUARDO — Talvez daqui a uma hora.

CARLOTINHA (*Saindo da janela*)— Mano, aí entrou uma pessoa, que julgo procurar por você.

EDUARDO — Há de ser naturalmente o negociante que espero.

CENA III
Os mesmos, Pedro

PEDRO (*Entrando*) — Está aí o homem que escreveu aquela carta; quer falar ao senhor.

EDUARDO — Manda-o entrar para o meu gabinete.

PEDRO (*Baixo, a Carlotinha*) — Nhanhã Carlotinha está triste!... Hi!... (*Carlotinha volta-lhe as costas; Pedro sai.*)

EDUARDO — Até logo, Henriqueta.

HENRIQUETA — Já! Que vai fazer?

EDUARDO — Concluir um pequeno negócio e ao mesmo tempo realizar um pensamento que me foi inspirado pelo nosso amor.

HENRIQUETA — Como?

EDUARDO — Quero solenizar a nossa felicidade, Henriqueta, exercendo um dos mais belos direitos que tem o homem na nossa sociedade.

HENRIQUETA — Qual?

EDUARDO — O direito de dar a liberdade!

HENRIQUETA — Não entendo.

EDUARDO — Dir-lhe-ei tudo logo.

HENRIQUETA — Volte, sim?

EDUARDO — Demorar-me-ei apenas o tempo de assinar uma papel e escrever algumas linhas. (*Sai.*)

CENA IV
Henriqueta, Carlotinha

(*Carlotinha chega-se de novo a janela.*)

HENRIQUETA — Sabes, Carlotinha, tenho uma queixa de ti.

CARLOTINHA — De mim? Que te fiz eu, má?

HENRIQUETA — Há um mês espero que tu me contes uma coisa, e ainda não me disseste uma palavra.

CARLOTINHA — De quê? Não sei.

HENRIQUETA — Do teu segredo; não te confiei o meu?

CARLOTINHA — Ah! Quem te disse?

HENRIQUETA — Eduardo.

CARLOTINHA — Não acredites, ele estava gracejando.

HENRIQUETA — Não, tu amas, Carlotinha, e nunca me falas dos teus sonhos, de tuas esperanças. Não sou eu mais tua amiga?

CARLOTINHA — Pois duvidas?

HENRIQUETA — Se fosses, não me ocultarias o que sentes.

CARLOTINHA — Não te zangues; eu te contarei tudo, mas custa tanto falar dessas coisas!

HENRIQUETA — Com aqueles que nos compreendem é um prazer bem doce.

CARLOTINHA — Olha, o meu segredo... Porém, não sei como hei de começar isto!

HENRIQUETA — Começa pelo nome. Como ele se chama?

CARLOTINHA (*Confusa*) — Alfredo.

HENRIQUETA — Este moço que teu mano nos apresentou?

CARLOTINHA — Sim. Todas as manhãs, faça bom ou mau tempo, passa por aqui ao meio-dia; quase nem olha para esta janela, donde eu o espero escondida entre as cortinas; ninguém nos vê, mas nós nos vemos.

HENRIQUETA — Depois?

CARLOTINHA — À noite vem visitar-nos, como tu sabes; todo o tempo conversa com mamãe, ou com mano enquanto tu e eu brincamos no piano. À hora do chá sentamo-nos juntos; ele diz que me viu de manhã, eu respondo que estava distraída e não o vi. Às vezes...

HENRIQUETA — Acaba, não tenhas vergonha. Eu também amo.

CARLOTINHA — Pois sim. Às vezes nossas mãos se encontram sem querer; ele fica pálido, e eu corro toda trêmula para junto de ti. Daí a pouco são dez horas, todos se retiram: então chego à janela e sigo-o com os olhos, até que desaparece no fim da rua.

HENRIQUETA — E é este todo o teu segredo?

CARLOTINHA — Todo.

HENRIQUETA — Parece-se com o meu: ver-se de longe, trocar um olhar, amar em silêncio. Há só uma diferença.

CARLOTINHA — Qual?

HENRIQUETA — Tu és feliz porque és livre, enquanto eu...

CARLOTINHA — Tu és correspondida, Henriqueta; Mano Eduardo te ama!

HENRIQUETA — E Alfredo não te ama?

CARLOTINHA — Não sei, tenho medo; há quatro dias que não passa por aqui, nem aparece de noite. Levo a contar as horas!

HENRIQUETA — Mas donde procede esta mudança? Fizeste-lhe alguma coisa?

CARLOTINHA — Eu?... Se procuro adivinhar os seus pensamentos!

HENRIQUETA — Entretanto, deve haver um motivo...

CARLOTINHA — Tenho querido me recordar, e só acho este. No domingo veio passar a manhã aqui; eu o deixei um momento para te escrever e voltei logo. Quando chamei Pedro para levar-te a carta, ele levantou-se de repente, despediu-se de mamãe, cumprimentou-me friamente, e desde então não o tenho visto. Ficou zangado comigo por ter saído um momento de junto dele.

HENRIQUETA — Não faças caso, isso passa. Hoje mesmo ele virá arrependido pedir-te perdão. Mas, a propósito da carta que me escrevestes domingo, eu trouxe-a mesmo para brigar contigo, travessa! (*Tira a carta.*)

CARLOTINHA — Por quê? Pela sobrescrita?

HENRIQUETA — Essa é uma das razões. Para que escreveste "Madame Azevedo"? Não sabes que essa ideia me mortifica?

CARLOTINHA — Desculpa, foi um gracejo.

HENRIQUETA — Além disso, não tinhas outra pessoa por quem mandar a carta, senão ele?

CARLOTINHA — Ele quem? O Azevedo?

HENRIQUETA — Sim; foi ele que ma entregou.

CARLOTINHA — Mas não é possível; eu a mandei por Pedro; e recomendei-lhe que não a mostrasse a ninguém, mesmo por causa da sobrescrita!...

HENRIQUETA — Não compreendo então como foi parar nas mãos desse homem. Tive um desgosto... e um medo!... Tu falavas de Eduardo!

CARLOTINHA — Espera, vou perguntar a Pedro que quer dizer isto! (*Na porta*) Pedro!...

HENRIQUETA — Deixa, não vale a pena.

Carlotinha — Não, é muito malfeito.

CENA V
Os mesmos, Pedro

PEDRO — Nhanhã chamou?

CARLOTINHA — Quero saber como é que a carta que eu lhe dei para Henriqueta foi parar em mão do Sr. Azevedo.

PEDRO — Ele me encontrou na rua, e tomou a carta para entregar.

CARLOTINHA — Mas eu te disse que não queria que ninguém visse a sobrescrita?

PEDRO — Ele é noivo de sinhá Henriqueta; não faz mal.

HENRIQUETA — Está bom; não pensemos mais nisto.

CARLOTINHA —Não quero que outra vez suceda o mesmo. (*A Pedro*) Entendeste?

PEDRO — Sim, nhanhã. Pedro sabe o que faz! (*Batem palmas.*)

CARLOTINHA — Que queres dizer?

CENA VI
Henriqueta, Carlotinha, Azevedo, Pedro, no fundo.

HENRIQUETA — Há de ser ele.

CARLOTINHA — Alfredo! Ah! Se fosse...

HENRIQUETA — Queres apostar? (*Azevedo aparece.*)

CARLOTINHA — Ora, é o Azevedo... Eu logo vi!

AZEVEDO — Como passou, D. Carlotinha? (*Aperta a mão*) D. Henriqueta?

CARLOTINHA — O senhor parece que adivinha, Sr. Azevedo? (*Pedro está na porta de entrada, Henriqueta começa a folhear um álbum.*)

AZEVEDO — Por quê?! Por encontrá-la hoje tão bela? Está realmente *éblouissante*?[9]

CARLOTINHA — Faça-se de esquerdo! A minha beleza serve de pretexto para elogiar a de Henriqueta!

---
[9] "deslumbrante."

AZEVEDO — A senhora quer dizer o contrário...

CARLOTINHA — Quer dizer que o senhor adivinhou quem estava aqui hoje.

AZEVEDO (*Com afetação*) — Quem?... Não vejo ninguém.

CARLOTINHA — Nem a sua noiva? Era esta palavra que o senhor queria ouvir!

AZEVEDO (*Com intenção*) — Sim, era esta palavra que eu desejava ouvir dos seus lábios.

CARLOTINHA (*Voltando-lhe as costas, baixo a Henriqueta.*) — Que fátuo! (*Alto*) Vem, Henriqueta; vamos chamar mamãe para falar ao Sr. Azevedo.

AZEVEDO — Então deixa-me só?

HENRIQUETA (*Rindo*) — Oh! Um homem como o senhor pode ficar só? Paris inteiro lhe fará companhia!

CARLOTINHA — Suponha que está no *Boulevard* dos Italianos.

AZEVEDO (*Cortezmente*) — Não. (*Tirando a flor da casa da casaca*) Mas conversarei com esta flor; ela me dirá em perfumes o que os lábios que a bafejaram recusaram dizer em palavras.

CARLOTINHA — Como está poético! Aquilo é contigo, Henriqueta.

HENRIQUETA — Comigo, não! É como quem lhe mandou a violeta! Vamos!

CARLOTINHA — Pois, Sr. Azevedo, nós o deixamos no seu colóquio amoroso. (*Saem.*)

CENA VII
Azevedo, Pedro

AZEVEDO (*Seguindo-o*) — Foge-me!...

PEDRO (*Rindo*) — Como vai paixão por nhanhã Carlotinha, Sr. Azevedo? Flor já está na dança!

AZEVEDO — Queria mesmo te falar a este respeito! Não entendo tua senhora. Tu dizes que ela gosta de mim *et pourtant*...[10]

PEDRO — *Parlez-vous français, monsieur*?[11]

AZEVEDO — Ela faz que não me compreende! Trata-me com indiferença.

PEDRO — Pudera não! O senhor vai se casar.

AZEVEDO — Ah! Tu pensas que é esta a razão!

PEDRO — Nhanhã mesmo me disse! Moça solteira não pode receber corte de homem que é noivo de outra mulher! É feio, e faz cócega dentro de coração; cócega que se chama ciúme!

AZEVEDO — Então é o meu casamento que impede!... E nem me lembrava de semelhante coisa! Com efeito, Henriqueta é sua amiga; ela julga talvez que a amo...

PEDRO — Mas isto não quer dizer nada. Ela gosta de vosmecê, gosta muito! Ontem, quando mandou essa violeta que o senhor tem na casaca, beijou primeiro.

AZEVEDO — E foi ela mesma quem se lembrou de mandar-me?

---

[10] "ainda, no entanto."
[11] "Falais francês, Senhor?"

PEDRO — Ela mesma, sem que eu pedisse nada!

AZEVEDO (*Erguendo-se e tomando o chapéu*) — Bem; eu sei o que me resta a fazer.

PEDRO — Já vai? Não espera por sinhá velha?

AZEVEDO — Não, eu já volto. E, preciso tomar uma resolução: *il le faut*![12]

PEDRO — *Monsieur* está pensando!

AZEVEDO — Diz a D. Carlotinha... Não, não lhe digas nada! Eu quero ser o primeiro a anunciar-lhe.

CENA VIII
Pedro, Jorge

(*Jorge com livros.*)

PEDRO — Oh! Já voltou do colégio? Agora mesmo deu meio-dia!

JORGE — Tive licença para sair mais cedo.

PEDRO — Nhonhô já sabe novidade?

JORGE — Que novidade?

PEDRO — Novidade grande! Sr. moço Eduardo vai casar com nhanhã Henriqueta!

JORGE — Ah!... E o noivo dela?

PEDRO — Sr. Azevedo? Casa com nhanhã Carlotinha.

---

[12] "ele te deve."

JORGE — Mana?... E Sr. Alfredo?

PEDRO — Fica logrado. Para rematar a festa, velho Vasconcellos casa com sinhá velha.

JORGE — É mentira!

PEDRO — Há de ver!

JORGE — Então tudo se casa?

PEDRO — Tudo, tudo. Nhonhô também carece ver uma meninazinha bonita... Mas vosmecê ainda não sabe namorar!...

JORGE — Eu não!

PEDRO — Pois precisa aprender, que já está franguinho. Pedro ensina.

JORGE — E tu sabes?

PEDRO (*Rindo-se*) — Ora!... Nhonhô pede dinheiro a mamãe e compra luneta.

JORGE — Para quê?

PEDRO — Sem isto não se namora. Quando nhonhô tiver luneta, prende no canto do olho, e deita para a moça. Ela começa logo a se remexer e a ficar cor de pimentinha malagueta. Então rapaz fino volta as costas, assim como quem não faz caso; e moça só espiando ele. Daí a pouco, fogo, luneta segunda vez; ela volta a cara para o outro lado, mas está vendo tudo! Nhonhô deixa passar um momento, fogo, luneta terceira vez; aí moça não resiste mais, cai por força, com os olhos requebrandos só, namoro está ferrado. Rapaz torce o bigodinho... Mas vosmecê ainda não tem bigode!...

JORGE — Olha! Não tarda nascer!

PEDRO — Qual! Está liso como um frasco!

JORGE (*Ouvindo entrar*) — Quem é?

PEDRO — Velho tabaquista!

JORGE — Que vai casar com mamãe.

PEDRO — Psiu! Não diga nada, não!

CENA IX
Pedro, Vasconcellos, Jorge

VASCONCELLOS (*Entrando*)— Onde está esta gente! Henriqueta fica para jantar?

PEDRO — Sim, senhor; nhanhã Carlotinha não quer deixar ela ir.

JORGE (*Saindo.*) — Eu vou chamá-la.

VASCONCELLOS — Não precisa. (*A Pedro*) Dize-lhe que à tarde virei buscá-la.

PEDRO — Vosmecê vai para casa?

VASCONCELLOS — Não; por que perguntas?

PEDRO — Porque Sr. Azevedo saiu daqui agora mesmo para ir falar a vosmecê.

VASCONCELLOS — Sobre quê? Alguma coisa de novo?

PEDRO — Negócio importante. Pedro não sabe; mas ele parecia zangado.

VASCONCELLOS — Ora, que me importam as suas zangas.

PEDRO — Senhor não deve mesmo se importar; esse Sr. Azevedo tem uma língua... Sabe o que ele disse?

VASCONCELLOS — Nem quero saber.

PEDRO — Disse a Sr. moço Eduardo, a casa estava cheia de gente, disse que Sr. Vasconcellos é um... nome muito ruim!

VASCONCELLOS — Um que, moleque?

PEDRO — Um pinga!

VASCONCELLOS — Hein!... Não é possível!

PEDRO — Ora! Aquele moço não tem respeito a senhor velho. (*Faz uma careta.*)

VASCONCELLOS — Pois hei de ensinar-lhe a ter.

PEDRO — Precisa mesmo, para andar enchendo a boca de que comprou filha de senhor com seu dinheiro dele.

VASCONCELLOS — Comprou minha filha! Ah, miserável!
(*Batem palmas.*)

PEDRO — Pode entrar.

CENA X
Os mesmos, Alfredo

(*Vasconcellos fica passeando; os dois descem à cena.*)

PEDRO (*A Alfredo*) — Vosmecê espere, vou chamar Sr. moço Eduardo.

ALFREDO — Sim, dize-lhe que desejo falar-lhe com instância.

VASCONCELLOS (*A Pedro*) — Há muito tempo que ele saiu?

PEDRO (*Voltando*) — Sr. Azevedo?... Agora mesmo.

VASCONCELLOS — Vou à sua procura. Preciso de uma explicação.

CENA XI
Pedro, Alfredo

PEDRO — O velho vai deitando azeite às camadas! Noivo da filha virou de rumo e agora só quer casar com nhanhã Carlotinha.

ALFREDO — Oh! Ele pode desejar todas as mulheres, é rico!

PEDRO — Não sei também; essas moças... têm cabecinha de vento; um dia gostam de um, outro dia gostam de outro. Nhanhã, que esperava todo o dia para ver Sr. Alfredo passar, nem se lembra mais; escreveu aquela carta a Sr. Azevedo!

ALFREDO — Se não fosse essa carta, eu ainda duvidava!...

PEDRO — Vosmecê bem viu, no domingo, ela me dar à sua vista, e eu entregar na rua a ele, a Sr. Azevedo.

ALFREDO — Sim; e foi preciso ver seu nome escrito!... Quem diria que tanta inocência e tanta timidez eram o disfarce de uma alma pervertida! Meu Deus! Onde se encontrará nestes tempos a inocência, se no seio de uma família honesta ela murcha e não vinga!

PEDRO — Ora, Sr. Alfredo, tem tanta moça bonita! Pode escolher!

ALFREDO — Vai prevenir a Eduardo!

CENA XII
Os mesmos, Carlotinha, Henriqueta

(*Carlotinha, entrando.*)

CARLOTINHA — Ah! Ele está ai!...

HENRIQUETA — Não te disse? Já volto.

CARLOTINHA — Queres deixar-me só com ele! Não, eu te peço.

PEDRO (*A Alfredo*) — Nhanhã! Como ela está alegre!

ALFREDO — É por ele! (*Cumprimenta.*)

CARLOTINHA (*A Henriqueta*) — Nem me fala! Que ar sério!

HENRIQUETA — É, talvez, por minha causa.

CARLOTINHA — Não, fica.

PEDRO (*A Carlotinha*) — Agora é que nhanhã deve ensiná-lo; e não fazer caso dele! (*Sai.*)

CARLOTINHA (*A Henriqueta*) — Nem me olha!

HENRIQUETA — Com efeito, ele tem alguma coisa que o mortifica.

CARLOTINHA — Se eu lhe falasse!...

HENRIQUETA — É verdade, dize-lhe uma palavra.

CARLOTINHA — Oh! Não tenho ânimo!

HENRIQUETA (*A Carlotinha*) — Espera, com ele eu sou mais animosa do que tu. Vou falar-lhe.

CARLOTINHA — Mas não lhe digas nada a meu respeito.

HENRIQUETA — Não. Então, Sr. Alfredo, tem ido estas noites ao teatro?

ALFREDO — É verdade, minha senhora, para distrair-me.

CARLOTINHA (*A Henriqueta*) — Distrair-se... De pensar em mim!

HENRIQUETA — O teatro é mais divertido do que as nossas noites aqui em casa de Carlotinha, ou na minha. Não é verdade?

ALFREDO — Não, minha senhora, mas no teatro se está no meio de indiferentes e, portanto, não há receio de que se incomode com a sua presença àquelas pessoas que se estima.

CARLOTINHA (*A Henriqueta*) — Com que ar diz ele isto! Tu compreendes?

HENRIQUETA — Mas, Sr. Alfredo, me parece que isto não se refere a nós, que nunca demos demonstrações...

ALFREDO — A senhora, não, D. Henriqueta.

CARLOTINHA — É a mim, então...

ALFREDO — Não sei!...

HENRIQUETA — Mas explique-se, Sr. Alfredo; eu creio que há nisto algum equívoco.

ALFREDO — Há certas coisas que se sentem, D. Henriqueta, mas que não se dizem. Quando, nos habituamos a venerar um objeto por muito tempo, podemos odiá-lo um dia, porém o respeitamos sempre!

CARLOTINHA — Mas ninguém tem direito de condenar sem ouvir aqueles a quem acusa.

HENRIQUETA — Decerto; muitas vezes uma palavra mal interpretada...

ALFREDO — Não é uma palavra, D. Henriqueta, é uma carta!

CARLOTINHA — Que significa isto? Tu entendes, Henriqueta?

HENRIQUETA — Não, minha amiga, mas o Sr. Alfredo vai nos esclarecer esse enigma.

ALFREDO — Perdão, minhas senhoras, aí vem Eduardo, e eu tenho de falar-lhe sobre um objeto que não me admite demora. (*Sobe para encontrar Eduardo.*)

CARLOTINHA — Oh! É cruel! Tu sofrerias como estou sofrendo, Henriqueta?

117

HENRIQUETA (*Passando-lhe o braço pela cintura*) — Tu sofres há alguns instantes, eu sofri dois meses! E era o desprezo!

CARLOTINHA — E isto o que é?

HENRIQUETA — Vem, depois Eduardo nos contará!

CARLOTINHA — Sim, vamos! Preciso chorar!

CENA XIII
Eduardo, Alfredo

EDUARDO — Estamos sós, Alfredo. Sente-se e diga-me que negócio é esse tão grave! Um médico está habituado a ver rostos bem tristes, mas o seu inquieta-me.

ALFREDO — É que realmente aquilo de que pretendo falar-lhe me penaliza em extremo; e se não considerasse um dever vir eu próprio comunicá-lo, preferiria servir-me de uma carta.

EDUARDO — E fez bem. Dois amigos entendem-se melhor conversando; uma carta é um papel frio, sobre o qual se acham as palavras, mas não a voz, a fisionomia e o coração da pessoa que fala.

ALFREDO — Outra razão ainda: uma carta é uma prova material que fica, e pode extraviar-se. O que vou dizer-lhe não deve ser sabido senão pelo senhor; eu mesmo devo esquecê-lo.

EDUARDO — Vamos, fale sem o menor receio.

ALFREDO — Há um mês, Eduardo, recebi uma prova de confiança da sua parte, que me penhorou em extremo. Sabendo que eu amava sua irmã, sem exigir de mim uma promessa, apresentou-me sua família e abriu-me o interior da sua casa.

EDUARDO — E dei um passo bem acertado, porque fiz de um simples conhecido um amigo; e tenho tido ocasiões de apreciar o seu caráter.

ALFREDO — É bondade sua. Eu amava sua irmã, era um amor sério e que só esperava uma animação da parte dela, para pedir o consentimento de sua família. Pareceu-me que era aceito; obtive autorização de meu pai, e vim um dia com a intenção de pedir-lhe a mão de D. Carlotinha. Fui talvez apressado, mas eu queria quanto antes dar-lhe um prova de que a sua confiança não tinha sido mal correspondida.

EDUARDO — Nunca tive esse receio. Mas dizia que veio...

ALFREDO — Deixe-me continuar. Chegamos ao ponto delicado e falta-me a coragem para confessar-lhe...

EDUARDO — Não sei o que pretende dizer, mas, meu amigo, reflita que, quando se trata de uma moça, as reticências são sempre uma injúria. A verdade nua, qualquer que ela seja; em objetos de honra, a dúvida é uma ofensa.

ALFREDO — Perdão, não se trata de honra; é uma simples questão de sentimento. Eu enganei-me, Eduardo. Julgava que sua irmã aceitava o meu amor, e a minha vaidade me iludia. Então, entendi que se não me era permitido dar a prova que eu desejava de minha afeição, devia ao menos, ao retirar-me de sua casa, explicar-lhe os motivos que a isso me obrigavam. Perco uma bem doce esperança, mas quero conservar uma estima que prezo.

EDUARDO — Obrigado, Alfredo; o seu procedimento honra-o; é bem raro vê-lo na sociedade, onde ordinariamente os mais nobres sentimentos têm vergonha de se revelar com receio de que os apelidem de originalidade, ou extravagância. Mas deixe que lhe diga; se há um engano da sua parte, é talvez na interpretação dos sentimentos de minha irmã.

ALFREDO — Ela ama a outro, Eduardo.

EDUARDO — Tem certeza disso?

ALFREDO — Tenho uma convicção profunda.

EDUARDO — Pode ser uma convicção falsa.

ALFREDO — Não me obrigue a apresentar-lhe as provas.

EDUARDO — São essas provas que eu peço! Tenho direito a elas...

ALFREDO — Por quê? Não ofendem o caráter de D. Carlotinha.

EDUARDO — Mas revelam seus sentimentos, que eu devo conhecer como seu irmão.

CENA XIV
Os mesmos, Carlotinha, Henriqueta

CARLOTINHA (*Entrando*) — E que eu exijo que se patenteiem, porque não me envergonham, Eduardo!

EDUARDO — Tu nos ouvias, Carlotinha!

CARLOTINHA — Sim, mano. Tratava-se de mim; fiz mal?

EDUARDO — Não, minha irmã, eu mesmo te chamaria se não quisesse poupar-te um pequeno desgosto. Mas já que aqui estás, fica. Alfredo parece que tem algumas queixas de nós; julgarás se ele é injusto. (*Volta-se para Henriqueta.*)

HENRIQUETA (*À meia-voz, a Eduardo*) — Ele está iludido! Carlotinha o ama!

EDUARDO — Eu sabia! (*Continuam a conversar.*)

CARLOTINHA — O Sr. Alfredo diz que tem provas de que amo outro homem... Reclamo essas provas.

ALFREDO — Não é possível, D. Carlotinha! Na minha boca seriam uma exprobração ridícula e ofensiva. Guardo--as comigo e respeito os sentimentos que não soube inspirar.

CARLOTINHA — O senhor não mas quer dar?... Pois bem, serei eu que provarei o contrário!... Eis a prova de que... eu só amei e só amo... o senhor! (*Estendendo-lhe a mão.*)

ALFREDO — Ah!... (*Tomando a mão*) Mas essa mão não pode ser minha!

CARLOTINHA — Por quê?

ALFREDO — Porque escreveu a outro e lhe pertence!

CARLOTINHA — Meu Deus! Mano, Henriqueta!...

EDUARDO — Que tens?

CARLOTINHA — Ele diz que eu amo a outro, que lhe escrevi!... Quando a ele...

ALFREDO — Não devia dizê-lo; mas foi o amor ofendido, e não razão, que falou.

EDUARDO — Sei que é incapaz de tornar-se eco de uma calúnia; para dizer o que acabo de ouvir é preciso que tenha certeza do que afirma. A quem escreveu minha irmã, Alfredo?

ALFREDO — Perdão!... Não devo!

EDUARDO — Exijo!...

ALFREDO — Ao Sr. Azevedo!

HENRIQUETA — É impossível!

CARLOTINHA — Ele acredita!

EDUARDO — O senhor viu essa carta?

ALFREDO — Vi essa carta sair da mão que a escreveu e ser entregue àquele a quem era destinada! (*Ouve-se rumor de passos.*)

EDUARDO — Silêncio, senhor!

CENA XV
Os mesmos, Azevedo

AZEVEDO (*A Eduardo*) — *Cher ami*![13] (*À meia-voz.*) Acabo de ter uma cena bastante animada, *échauffante*[14] mesmo!

EDUARDO — Por que motivo?

AZEVEDO — Eu lhe digo. (*Afastam-se mais para a direita e sentam-se*) Rompi o meu casamento com Henriqueta; e acabo de participá-lo ao Sr. Vasconcellos.

EDUARDO —Ah!... E que razão teve para proceder assim?

AZEVEDO — Muitas; seria longo enumerá-las. Aquele velho é um miserável e sua filha uma moça corrompida.

EDUARDO — Sr. Azevedo, esquece que fala de amigos de nossa casa.

AZEVEDO — Perdão, mas não podia deixar que esses dois especuladores abusassem por mais tempo da minha boa-fé.

---

[13] "querido amigo."
[14] "aquecimento, quente."

EDUARDO — Se continua desta maneira, sou obrigado a pedir-lhe que se cale.

AZEVEDO — Bom; não me leve a mal este desabafo. O fato é que o casamento está completamente desfeito, e que eu posso dizer como Francisco I: — *Tout est perdu, hors l'honneur.*[15]

EDUARDO (*Com ironia*) — E a dívida de dez contos?

AZEVEDO — Ele a pagará; não lhe deixarei um momento de sossego! Permita que cumprimente sua irmã.

ALFREDO — Não devo ficar, Eduardo, sinto que não terei o sangue-frio necessário para dominar-me. (*Toma o chapéu para sair.*)

EDUARDO — Espere, meu amigo.

CARLOTINHA (*Que não atende ao cumprimento de Azevedo e segue Alfredo com os olhos.*) — Sim, eu lhe peço, fique.

ALFREDO (*Com tristeza*) — Para quê? Para ser testemunha...

CARLOTINHA — Para ser testemunha de minha inocência!

HENRIQUETA — Que vais fazer?

CARLOTINHA — Apelar para a consciência de um homem que eu julgo honesto.

EDUARDO — Minha irmã! Deixa-me esse penoso dever! Tu és uma moça...

---

[15] "Tudo está perdido, exceto a honra."

CARLOTINHA — Não, Eduardo, para ele eu sou criminosa. É justo que me defenda.

AZEVEDO — Estou completamente *embêté*![16]

CARLOTINHA — Sr. Azevedo, peço-lhe que declare se algum dia recebeu uma carta minha!

AZEVEDO — *Comment*!... Uma carta sua!... Nunca!...

ALFREDO (*À meia-voz*) — O senhor mente!

CARLOTINHA (*A Henriqueta*) — Ainda duvida!

AZEVEDO (*A Eduardo*) — Não estou na casa de um amigo?

EDUARDO — Sim; e o insulto é feito a mim!

ALFREDO — Perdão, Eduardo! Não sei o que faço, o meu espírito se perde!

AZEVEDO (*Voltando-se para Carlotinha*) — Falta-lhe o *savoir vivre*![17]

CARLOTINHA — Assim o senhor dá sua palavra de honra! Não recebeu essa carta?...

AZEVEDO — Se eu a tivesse recebido, há muito teria vindo apresentar-lhe o pedido respeitoso de um amor profundo; e não esperaria por esse momento.

CARLOTINHA — O senhor ama-me então?

AZEVEDO — É verdade!

---

[16] "Irritado; frustrado."
[17] "etiqueta; modos."

CARLOTINHA — Pois eu... eu o desprezo!

ALFREDO — Ah!

EDUARDO — Minha irmã!...

AZEVEDO — O desprezo é o direito das senhoras e dos soberanos.

HENRIQUETA — Mas, então, eu sou livre? A minha promessa...

AZEVEDO — Já foi restituída a seu pai!

HENRIQUETA — Obrigada, meu Deus!

CENA XVI
Os mesmos, D. Maria

D. MARIA (*Que tem entrado a alguns minutos*) — Que se passa aqui, senhores?

EDUARDO — Ah! Minha mãe! A nossa casa está sendo o teatro de uma cena bem triste!

D. MARIA — Mas por quê? Aconteceu alguma coisa? Carlotinha, que tens?

CARLOTINHA — Nada, mamãe.

D. MARIA — Todos tão frios, tão reservados!... Que quer dizer isto, Eduardo?

CENA XVII
Os mesmos, Vasconcellos, Pedro

PEDRO (*Entrando*) — Barulho grande, Sr. Vasconcellos!

VASCONCELLOS — Deixe-me! Estou furioso!

HENRIQUETA — Meu pai, é verdade?

D. MARIA — O senhor está tão perturbado!

VASCONCELLOS — Se a senhora soubesse o que acabo de ouvir! Os maiores insultos!

AZEVEDO — Verdades bem duras, mas não insultos, senhor! Não é meu costume.

VASCONCELLOS — Ah! O senhor está aqui?

EDUARDO — Sr. Vasconcellos!...

VASCONCELLOS — Oh! Não faz ideia do que este homem disse de mim. E se fosse só de mim! Caluniou, injuriou atrozmente a minha filha!...

EDUARDO — Como, Sr. Azevedo?

AZEVEDO — Pergunte-lhe o que ouvi dele!

PEDRO (*A Alfredo*) — Intriga está fervendo só! Hoje sim! Acaba-se tudo!

VASCONCELLOS — E o que me dói, ainda mais, D. Maria, é que todas essas injúrias de que o senhor se fez eco, saem de sua casa!

PEDRO (*A Carlotinha*) — Mentira!

EDUARDO — De nossa casa, Sr. Vasconcellos?

HENRIQUETA — Eu não creio, meu amigo.

VASCONCELLOS — Tu não crês, porque não as ouvistes, minha filha; senão havias de ver que só amigos fingidos podiam servir-se da intimidade para, à sombra dela, urdirem semelhantes calúnias!

D. MARIA — Nunca pensei, meu Deus, passar por semelhante vergonha!...

EDUARDO — E eu, minha mãe, eu que sou responsável por todos esses escândalos!

AZEVEDO — *C'est ennuyeux, ça*![18]

VASCONCELLOS — Vamos, minha filha, deixemos para sempre esta casa onde nunca devíamos ter entrado!

HENRIQUETA — Eduardo!...

EDUARDO — Adeus, Henriqueta! Espera-me!

HENRIQUETA — Oh! sim!

CARLOTINHA — E ama-me! Tu ao menos não me farás chorar!

ALFREDO — Sou eu que a faço chorar, D. Carlotinha?

VASCONCELLOS — Vem, vem, Henriqueta! Não estamos bem neste lugar!

ALFREDO — É verdade, sofre-se muito aqui.

AZEVEDO — Com efeito, *il fait chaud*.[19]

---

[18] "que entediante; chato."
[19] "o clima é quente; fato quente."

EDUARDO — Meu amor, a felicidade de minha irmã, a honra de minha família, tudo perdido!

D. MARIA (*Chorando*) — E tua mãe, meu filho!

PEDRO (*Adiantando-se*) — E Pedro, senhor!

VASCONCELLOS — Oh! Está quem podia confirmar o que eu disse.

AZEVEDO — Justamente!

EDUARDO — Ah!... Escutem-me, senhores; depois podem julgar-me como entenderem; se assim for preciso eu carregarei com a culpa de não ter resistido aos hábitos da nossa sociedade brasileira, que é a causa única de tudo quanto se acaba de passar.

ALFREDO — Como?

VASCONCELLOS — Que quer dizer?

AZEVEDO — Tem razão, começo a entender!

EDUARDO — Os antigos acreditavam que toda a casa era habitada por um demônio familiar, do qual dependia a felicidade, o sossego e a tranquilidade das pessoas que nela viviam. Nós, os brasileiros, realizamos infelizmente essa crença; temos no nosso lar doméstico esse demônio familiar. Quantas vezes não partilha conosco as carícias de nossas mães, os folguedos de nossos irmãos e uma parte das afeições da família! Mas vem um dia, como hoje, em que ele, na sua ignorância ou na sua malícia, perturba a paz doméstica; e faz do amor, da amizade, da inocência, da reputação, de todos esses objetos santos, um jogo de criança, um capricho ridículo. Este demônio familiar de nossas casas, que todos conhecemos, ei-lo. (*Aponta para Pedro.*)

AZEVEDO — É uma grande verdade.

VASCONCELLOS — Tem toda a razão; a ele é que ouvi!

ALFREDO — Sim, não há dúvida.

CARLOTINHA — Eu adivinhava!...

D. MARIA — Como? Foste tu?

PEDRO — Pedro confessa, sim senhora.

D. MARIA — Mas para quê?

PEDRO — Para desmanchar o casamento de Sr. Azevedo...

AZEVEDO — Que tal!

VASCONCELLOS — E para isso inventaste tudo o que me disseste?

PEDRO — E o que disse ao Sr. Azevedo. Nhanhã Carlotinha nunca se importou com ele.

AZEVEDO — Assim, a flor?...

PEDRO — Mentira tudo.

ALFREDO — E a carta?

PEDRO — Nhanhá mandava a sinhá Henriqueta.

HENRIQUETA (*Mostra a carta*) — Então é esta!

ALFREDO — Mas a sobrescrita?

HENRIQUETA — Uma brincadeira! (*Alfredo deve lançar um olhar rápido para a sobrescrita.*)

ALFREDO — Perdão, D. Carlotinha!

CARLOTINHA — Não! O que eu sofri!...

EDUARDO — Por que, minha irmã? Todos devemos perdoar-nos mutuamente; todos somos culpados por havermos acreditado ou consentido no fato primeiro, que é causa de tudo isto. O único inocente é aquele que não tem imputação, e que fez apenas uma travessura de criança, levado pelo instinto da amizade. Eu o corrijo, fazendo do autômato um homem; restituo-o à sociedade, porém expulso-o do seio de minha família e fecho-lhe para sempre a porta de minha casa. (*A Pedro, dando-lhe um papel*) Toma, é a tua carta de liberdade, ela será a tua punição de hoje em diante, porque as tuas faltas recairão unicamente sobre ti; porque a moral e a lei te pedirão uma conta severa de tuas ações. Livre, sentirás a necessidade do trabalho honesto; apreciarás os nobres sentimentos que hoje não compreendes; porque não terás um senhor que vele sobre ti, que te aconselhe e te dirija; porque não terás uma família que te alimente, e te estime! (*Pedro beija-lhe a mão.*)

D. MARIA — Muito bem, meu filho! Adivinhaste o meu pensamento!

AZEVEDO — Mas agora, por simples curiosidade, diz-me, *gamin*,[20] que interesse tinhas em desfazer o meu casamento?

PEDRO — Sr. moço Eduardo gosta de sinhá Henriqueta!

AZEVEDO — Ah!... *bah*!...

EDUARDO — Sim, meu amigo. Eu amo Henriqueta e para mim esse casamento seria uma desgraça; para o senhor era uma pequena questão de gosto, e para seu pai um compromisso

---

[20] "criança."

de honra. Hoje mesmo pretendia solver essa obrigação. Aqui está uma ordem sobre o Souto; o Sr. Vasconcellos nada lhe deve.

VASCONCELLOS — Como? Fico então seu devedor?

EDUARDO — Essa dívida é o dote de sua filha.

HENRIQUETA — Oh! Que nobre coração!

EDUARDO — Tu mo deste?

HENRIQUETA — Não! Eu que sinto orgulho em te pertencer, Eduardo.

D. MARIA — Mas, meu filho, dispões assim da tua pequena fortuna. O que te resta?

EDUARDO — Minha mãe, uma esposa e uma irmã. A pobreza, o trabalho e a felicidade.

ALFREDO — Esqueceste um irmão, Eduardo.

EDUARDO — Tens razão!

AZEVEDO — E um amigo *quand même*![21]

EDUARDO — Obrigado!

VASCONCELLOS — À vista disto, D. Maria, vou tratar de pôr a Josefa nos cobres!

AZEVEDO — Decididamente volto a Paris, meus senhores!

PEDRO — Pedro vai ser cocheiro em casa de Major!

---

[21] "mesmo!"

EDUARDO (*Adiantando-se para os espectadores*) — E agora, meus amigos, façamos votos para que o demônio familiar das nossas casas desapareça um dia, deixando o nosso lar doméstico protegido por Deus e por esses anjos tutelares (*Designa às senhoras do camarote*) que, sob as formas de mães, de esposas e de irmãs, velarão sobre a felicidade de nossos filhos!...

Apêndice

Contextualização da obra

Adriana Junqueira Arantes*

É esse aperfeiçoamento que realizou Alexandre Dumas Filho; tomou a comédia de costumes de Molière, e deu-lhe a naturalidade que faltava; fez que o teatro reproduzisse a vida da família e da sociedade, como um daguerreótipo moral. (J.A.)[1]

O demônio familiar, encenado pela primeira vez em 1857, é o texto teatral de José de Alencar (1829/1877) que nesta oportunidade se publica. Aqui, a conhecida faceta de romancista do autor cearense cede espaço ao dramaturgo. E não por acaso: possivelmente *O demônio familiar* foi pioneiro na literatura brasileira ao retratar o escravo doméstico como ameaça aos bons costumes familiares, tal como a moral burguesa concebia. Mas antes de pensar no texto alencarino, pode ser oportuno voltar um pouco no tempo e observar a cena teatral brasileira que nas últimas décadas do período colonial teve certo desenvolvimento.

A segunda metade do século XVIII assistiu ao surgimento das primeiras casas de espetáculos em diferentes cidades do Brasil, as chamadas "casas de comédias" e o início da profissionalização de elencos estáveis, ainda que apoiados na encenação de textos estrangeiros. A diversificação de gêneros que a metrópole lusitana saboreava teve seus reflexos por aqui;

---

* Mestre em literatura hispano-americana pela Universidade de São Paulo (USP). É professora de teoria literária, língua e literatura espanhola e professora-pesquisadora da Universidade do Estado da Bahia (UNEB), pelo programa UAB/CAPES.
[1] Alencar, J. de. **Comédias**. São Paulo: Martins Fontes, 2004, p. 104-105.

ainda que a produção fosse escassa, tornaram-se frequentes e melhor definidos os modelos populares de representação e de espetáculos, quase sempre apoiados na tradição da comédia espanhola e, vez por outra, no teatro francês, como estava em voga em Portugal naquela época.

Pouco depois, no período marcado pela Independência, consolidou-se um terreno mais fértil para a criação de um teatro nacional, que na esteira da primeira poesia romântica procurou conferir identidade própria ao teatro brasileiro. Ademais, é de se notar a fundamental figura do ator e empreendedor teatral João Caetano, quem configurou as diretrizes do profissionalismo teatral no Brasil. Foi diante deste contexto que se introduziu o realismo francês no teatro nacional; quer na montagem de seus mais brilhantes textos — é o caso de *A dama das camélias* de Alexandre Dumas Filho, por exemplo — quer na busca por métodos equivalentes de encenação. Daí que surgiram os chamados "dramas de casaca"; por adotarem um tipo de figurino típico da época — meados do século XIX, rompendo com a antiga ideia dos trajes fantasiosos do antigo repertório teatral colonial.

José de Alencar, como bem se sabe, foi o mais importante cultivador do romantismo no Brasil. Não assim no teatro; sua obra se insere no contexto do teatro realista de recorte ou matriz francês, muito decalcado do sistema teatral de Alexandre Dumas, que tinha por princípio norteador demonstrar os equívocos da burguesia corrigindo-os, atuando na educação dessa classe social. É ainda característica desse modelo o interesse por enredos simples, bem construídos e com vigor de encadeamento cênico; bem como a preferência pela unidade de espaço e de tempo.

Alencar que observava o caráter moralizador do modelo francês parece ter encontrado ali sua expressão apropriada. Na comédia realista francesa, os hábitos e costumes do mundo burguês nunca estiveram separados da prescrição dos seus valores éticos, tais como a honestidade, o trabalho e a família. Assim, de acordo com os interesses e gostos de José de Alencar, *O demônio familiar* é uma comédia escrita à moda do teatro realista francês. Observe-se aqui que o termo "comédia" não aparece como sinonímia de comicidade, e sim, como nomenclatura pertinente a uma literatura que tinha em alta conta a naturalidade do enredo, da linguagem e da interpretação cênica, tal como ocorria no cotidiano que procurava representar. Colocava-se Alencar, desse modo, na vanguarda de seu tempo.

Segundo definição do próprio autor, *O demônio familiar* é uma comédia de costumes e do interior da casa. Nela se acusa um resquício do velho hábito colonial: a presença — nociva segundo Alencar — do escravo no cotidiano familiar brasileiro. Mas, se denuncia igualmente a relação entre amor, dinheiro e casamento, que constitui outro nó crítico nesta peça, cujo enredo está centrado nos eventos pelos quais passa uma família fluminense de classe média, já bastante próxima das ideias liberais e dos valores burgueses que as sociedades europeias do século XIX começavam a impor.

Como é também sabido, na obra de Alencar a família ocupa um lugar de destaque — lembre-se dos romances *Lucíola*, *Senhora* ou *O tronco do Ipê* — bem como aqueles ou aquilo que carrega a intenção de desagrega-la — o dinheiro, a intriga, entre outros. Nesta obra o inimigo da família e de seus valores não se encontra externo ao ambiente da casa e da família. A figura demoníaca e que protagoniza esta comédia é um jovem escravo, Pedro, de personalidade malandra e interesseira que manipula as outras personagens (brancas) por meio da mentira e em defesa de seus interesses pessoais e comezinhos. A contraparte necessária de Pedro é o seu senhor, Eduardo, que cumpre, do ponto de vista da técnica dramatúrgica, com a importante figura do *raisonneur*. Esse tipo de dramaturgia não dispensa o *raissonneur*, que é uma convenção do gênero.[2] É esta figura peculiar à comédia realista da época quem lança as lições morais em cena, atingindo aos demais personagens e orientando a plateia. É ele quem observa e analisa fatos e comportamentos, atribuindo

---

[2] As convenções são determinadas técnicas e recursos incorporados na composição do texto e nas representações cênicas com a finalidade de auxiliar os espectadores a entenderem o enredo.

a palavra final. É o *raissonneur* o porta-voz do autor; vale dizer, da moral burguesa do século XIX. Deste modo, o teatro realista colocava-se como uma tribuna destinada ao debate de questões sociais de interesse da burguesia.

A escravidão era vista por Alencar como a causa estrutural de muitos dos males que recaíam sobre a sociedade brasileira, assim como o amor puro e desinteressado poderia representar o seu contrário. Nesse sentido, tudo parece indicar que o interesse de Alencar repousava sobre dois aspectos da realidade nacional do período: que a presença do escravo no seio da família brasileira era uma herança colonial que a família moderna do profissional liberal deveria descartar; e que o valor do casamento residia no amor, entendido não como a paixão arrasadora, tal como era visto pelos autores do romantismo, mas como um sentimento afetuoso e respeitoso, como cabia aos representantes da sociedade em vias de modernização de meados do século XIX.

Sobre José de Alencar

O escritor José de Alencar nasceu no estado do Ceará e morreu no Rio de Janeiro, onde fixou residência a maior parte de sua vida. Filho de um ilustre senador do Império, de sua infância carregou reminiscências das sessões de leitura de romances que fazia em voz alta para sua mãe e suas tias; bem como as imagens do sertão nordestino que conheceu nas viagens realizadas com a família e que mais tarde ambientariam boa parte de sua ficção.

Estreou como jornalista e cronista no Correio Mercantil em 1854. Posteriormente, e já no Diário do Rio de Janeiro, publicou sob o formato de folhetim, muito comum na época, seu primeiro romance, *Cinco minutos*. Mas a notoriedade como romancista viria um pouco depois, em 1857, com *O guarani*, e se consolidaria com *Iracema*, das obras maiores do autor.

Advogado por ofício e polemista no campo político, Alencar publicaria em seus pouco mais de 20 anos de carreira literária, 21 romances, além de peças de teatro, crônicas e artigos diversos. Sua destacada obra romanesca divide-se segundo a temática: romance urbano, regionalismo, romance histórico.

Durante boa parte de sua vida adulta sofreu de tuberculose, enfermidade que o levaria à morte precoce, aos 48 anos de idade. Mesmo assim, casou-se aos 35 anos com Georgiana Cochrane, com quem teve seis filhos.

Apesar da permanente queixa do escritor de que a crítica atribuía pouca importância à sua obra, a posteridade desenhou para José de Alencar um lugar de primeira grandeza na ficção brasileira.

Por solicitação de Machado de Assis, seu admirador, é patrono da cadeira 23 da Academia Brasileira de Letras.

O ESTILO DE JOSÉ DE ALENCAR

Surpreende o leitor acostumado a ver em Alencar o Romantismo, vê-lo ligado a uma dramaturgia realista. Nosso maior autor romântico, como dramaturgo, filiava-se ao realismo teatral. Ao todo, escreveu nove peças teatrais.

Tal como as narrativas realistas, essa dramaturgia evidenciava erros morais e sociais buscando corrigi-los, conformando-se um teatro de cunho didático e moralizante para a burguesia. Neste sentido, o realismo teatral alencarino constitui-se o oposto de sua obra romanesca: substitui o nacionalismo pela temática social vinculada às questões que afligiam a sociedade burguesa.

É preciso lembrar uma questão importante para a leitura de Alencar: a sua relação com autores estrangeiros. Assim, no que concerne ao seu teatro, podemos dizer que é influenciado pela comédia realista de Dumas Filho, que apesar de deixar entrever um toque moralizante, se desenvolveu perfilando os costumes da burguesia, pondo em cena as questões sociais de interesse dessa classe. Tal modelo foi assimilado por Alencar; seu teatro calcava-se em um estilo que privilegiava a naturalidade do cotidiano burguês e a moralidade.

Ao contrário de Martins Pena que havia escrito farsas ridicularizando a tacanha sociedade brasileira, Alencar colocou-se respeitoso frente à burguesia emergente, a quem supunha caber o papel de modernizar o país. Daí a reverência aos valores éticos dessa classe, como o trabalho, o casamento e a família. Vem daí, também, seu interesse por tratar, em duas peças — *Mãe* e *O demônio familiar*, uma das questões mais pungentes para o Brasil da segunda metade do século XIX: a escravidão.

Questionário*

1. Pesquise: De que maneira José de Alencar compreendia as diferenças estruturais entre obra teatral e obra romanesca?

2. Que inquietações incomodavam a burguesia nacional na segunda metade do século XIX e que podemos perceber no conjunto da obra teatral alencarina?

3. A que tipo de realismo a dramaturgia de José de Alencar se filia?

4. Em que lugar foi encenada pela primeira vez a peça *O demônio familiar*?

5. Como se projetou o negro no teatro brasileiro oitocentista?

6. Que visava Eduardo ao alforriar Pedro?

7. De que modo sentenciou Eduardo ao moleque Pedro?

8. Qual o desejo de Pedro?

---

* Professores podem obter o gabarito das questões dessa seção, entrando em contato com o nosso departamento editorial.

9. Eduardo representa, mais que qualquer outro personagem, os valores da burguesia emergente. Como Eduardo compreende o amor?

10. Como era a educação das moças da burguesia nacional emergente, segundo *O demônio familiar* de José de Alencar?

QUESTÕES DE VESTIBULAR

1. (PUC-SP) Sobre a peça *O demônio familiar*, obra de José de Alencar, é incorreto afirmar que:

a) o enredo desenvolve exclusivamente o tema da abolição da escravatura, consumada na alforria de Pedro, no final da peça.

b) o demônio familiar é Pedro, moleque escravo que provoca os acontecimentos da peça, enredando os demais e, partilhando da convivência, perturba a paz doméstica.

c) o tema dominante é o do amor, cujas intrigas concorrem para a realização do sentimento amoroso das personagens.

d) é uma comédia de costumes ambientada no Rio de Janeiro, em meados do século XIX, considerada pela crítica, juntamente com o drama *Mãe*, uma das melhores peças do autor.

e) apresenta um quadro com o verdadeiro cunho da família brasileira, marcado pela convivência e paz doméstica e põe na prática sua intenção de fazer rir sem fazer corar.

2. (UNIVAP) O Realismo, como escola literária, é caracterizado:

a) pelo exagero da imaginação;
b) pelo culto da forma;
c) pela preocupação com o fundo;
d) pelo subjetivismo;
e) pelo objetivismo.

3. (UNIVAP) Assinale a única alternativa incorreta:

a) O Realismo não tem nenhuma ligação com o Romantismo.

b) A atenção ao detalhe é característica do Realismo.

c) Pode-se dizer que alguns autores românticos já possuem certas características realistas.

d) O cientificismo do século XIX forneceu a base da visão do mundo adotada, de um modo geral, pelo Naturalismo.

e) O Realismo apresenta análise social.

4. (UNIVAP) O Realismo foi um movimento de:

a) volta ao passado;
b) exacerbação ultrarromântica;
c) maior preocupação com a objetividade;
d) irracionalismo;
e) moralismo.

5. (UNIVAP) A respeito de Realismo, pode-se afirmar:

I – Busca o perene humano no drama da existência.

II – Defende a documentação de fatos e a impessoalidade do autor perante a obra.

III – Estética literária restritamente brasileira; seu criador é Machado de Assis.

a) São corretas apenas II e III.
b) Apenas III é correta.
c) As três afirmações são corretas.
d) São corretas I e III.
e) As três informações são incorretas.

6. (ITA-SP) "Esse romance não seguiu os padrões do Romantismo. É considerado um livro de transição para um novo estilo de época. O Realismo/Naturalismo. Observa-se nele a preocupação em retratar uma classe social que não costumava aparecer nas obras do estilo de sua época: o povo remediado. As personagens que aparecem no texto não são idealizadas, pois o narrador incorpora também as características negativas das personagens."

As informações acima melhor se ajustam ao romance:
a) *Memórias póstumas de Brás Cubas*.
b) *O Ateneu*.
c) *Memórias de um sargento de milícias*.
d) *O mulato*.
e) *A moreninha*.

7. (UNISA-SP) Publicado em 1854, esse romance, escrito por um jovem jornalista de vinte e dois anos, descreve um anti-herói, "filho de uma pisadela e de um beliscão", e os tipos e costumes do Rio de Janeiro do tempo de D. João VI. O romance e o autor a que o texto se refere são, respectivamente:

a) *Memórias de um sargento de milícias* e Manuel Antônio de Almeida.

b) *Memorial de Aires* e Machado de Assis.

c) *Memórias sentimentais de João Miramar* e Oswald de Andrade.

d) *Memórias do sobrinho de meu tio* e Joaquim Manuel de Macedo.

e) *Memórias do cárcere* e Graciliano Ramos.

e) *Esaú e Jacó*.

Gabarito

1 – e
2 – e
3 – a
4 – c
5 – d
6 – c
7 – a

Relação dos Volumes Publicados

1. Dom Casmurro
   Machado de Assis
2. O Príncipe
   Maquiavel
3. Mensagem
   Fernando Pessoa
4. O Lobo do Mar
   Jack London
5. A Arte da Prudência
   Baltasar Gracián
6. Iracema / Cinco Minutos
   José de Alencar
7. Inocência
   Visconde de Taunay
8. A Mulher de 30 Anos
   Honoré de Balzac
9. A Moreninha
   Joaquim Manuel de Macedo
10. A Escrava Isaura
    Bernardo Guimarães
11. As Viagens - "Il Milione"
    Marco Polo
12. O Retrato de Dorian Gray
    Oscar Wilde
13. A Volta ao Mundo em 80 Dias
    Júlio Verne
14. A Carne
    Júlio Ribeiro
15. Amor de Perdição
    Camilo Castelo Branco
16. Sonetos
    Luís de Camões
17. O Guarani
    José de Alencar
18. Memórias Póstumas de Brás Cubas
    Machado de Assis
19. Lira dos Vinte Anos
    Alvares de Azevedo
20. Apologia de Sócrates / Banquete
    Platão
21. A Metamorfose/Um Artista da Fome/Carta ao Pai
    Franz Kafka
22. Assim Falou Zaratustra
    Friedrich Nietzsche
23. Triste Fim de Policarpo Quaresma
    Lima Barreto
24. A Ilustre Casa de Ramires
    Eça de Queirós
25. Memórias de um Sargento de Milícias
    Manuel António de Almeida
26. Robinson Crusoé
    Daniel Defoe
27. Espumas Flutuantes
    Castro Alves
28. O Ateneu
    Raul Pompeia
29. O Noviço / O Juiz de Paz da Roça / Quem Casa Quer Casa
    Martins Pena
30. A Relíquia
    Eça de Queirós
31. O Jogador
    Dostoiévski
32. Histórias Extraordinárias
    Edgar Allan Poe
33. Os Lusíadas
    Luís de Camões
34. As Aventuras de Tom Sawyer
    Mark Twain
35. Bola de Sebo e Outros Contos
    Guy de Maupassant
36. A República
    Platão
37. Elogio da Loucura
    Erasmo de Rotterdam
38. Caninos Brancos
    Jack London
39. Hamlet
    William Shakespeare
40. A Utopia
    Thomas More
41. O Processo
    Franz Kafka
42. O Médico e o Monstro
    Robert Louis Stevenson
43. Ecce Homo
    Friedrich Nietzsche
44. O Manifesto do Partido Comunista
    Marx e Engels
45. Discurso do Método / Regras para a Direção do Espírito
    René Descartes
46. Do Contrato Social
    Jean-Jacques Rousseau
47. A Luta pelo Direito
    Rudolf von Ihering
48. Dos Delitos e das Penas
    Cesare Beccaria
49. A Ética Protestante e o Espírito do Capitalismo
    Max Weber
50. O Anticristo
    Friedrich Nietzsche
51. Os Sofrimentos do Jovem Werther
    Goethe
52. As Flores do Mal
    Charles Baudelaire
53. Ética a Nicômaco
    Aristóteles
54. A Arte da Guerra
    Sun Tzu
55. Imitação de Cristo
    Tomás de Kempis
56. Cândido ou o Otimismo
    Voltaire
57. Rei Lear
    William Shakespeare
58. Frankenstein
    Mary Shelley
59. Quincas Borba
    Machado de Assis
60. Fedro
    Platão
61. Política
    Aristóteles
62. A Viuvinha / Encarnação
    José de Alencar
63. As Regras do Método Sociológico
    Émile Durkheim
64. O Cão dos Baskervilles
    Sir Arthur Conan Doyle
65. Contos Escolhidos
    Machado de Assis
66. Da Morte / Metafísica do Amor / Do Sofrimento do Mundo
    Arthur Schopenhauer
67. As Minas do Rei Salomão
    Henry Rider Haggard
68. Manuscritos Econômico-Filosóficos
    Karl Marx
69. Um Estudo em Vermelho
    Sir Arthur Conan Doyle
70. Meditações
    Marco Aurélio
71. A Vida das Abelhas
    Maurice Materlinck
72. O Cortiço
    Aluísio Azevedo
73. Senhora
    José de Alencar
74. Brás, Bexiga e Barra Funda / Laranja da China
    Antônio de Alcântara Machado
75. Eugênia Grandet
    Honoré de Balzac
76. Contos Gauchescos
    João Simões Lopes Neto
77. Esaú e Jacó
    Machado de Assis
78. O Desespero Humano
    Sören Kierkegaard
79. Dos Deveres
    Cícero
80. Ciência e Política
    Max Weber
81. Satíricon
    Petrônio
82. Eu e Outras Poesias
    Augusto dos Anjos
83. Farsa de Inês Pereira / Auto da Barca do Inferno / Auto da Alma
    Gil Vicente
84. A Desobediência Civil e Outros Escritos
    Henry David Toreau
85. Para Além do Bem e do Mal
    Friedrich Nietzsche
86. A Ilha do Tesouro
    R. Louis Stevenson
87. Marília de Dirceu
    Tomás A. Gonzaga
88. As Aventuras de Pinóquio
    Carlo Collodi
89. Segundo Tratado Sobre o Governo
    John Locke
90. Amor de Salvação
    Camilo Castelo Branco
91. Broquéis/Faróis/ Últimos Sonetos
    Cruz e Souza
92. I-Juca-Pirama / Os Timbiras / Outros Poemas
    Gonçalves Dias
93. Romeu e Julieta
    William Shakespeare
94. A Capital Federal
    Arthur Azevedo
95. Diário de um Sedutor
    Sören Kierkegaard
96. Carta de Pero Vaz de Caminha a El-Rei Sobre o Achamento do Brasil
97. Casa de Pensão
    Aluísio Azevedo
98. Macbeth
    William Shakespeare

99. ÉDIPO REI/ANTÍGONA
Sófocles
100. LUCÍOLA
José de Alencar
101. AS AVENTURAS DE SHERLOCK HOLMES
Sir Arthur Conan Doyle
102. BOM-CRIOULO
Adolfo Caminha
103. HELENA
Machado de Assis
104. POEMAS SATÍRICOS
Gregório de Matos
105. ESCRITOS POLÍTICOS / A ARTE DA GUERRA
Maquiavel
106. UBIRAJARA
José de Alencar
107. DIVA
José de Alencar
108. EURICO, O PRESBÍTERO
Alexandre Herculano
109. OS MELHORES CONTOS
Lima Barreto
110. A LUNETA MÁGICA
Joaquim Manuel de Macedo
111. FUNDAMENTAÇÃO DA METAFÍSICA DOS COSTUMES E OUTROS ESCRITOS
Immanuel Kant
112. O PRÍNCIPE E O MENDIGO
Mark Twain
113. O DOMÍNIO DE SI MESMO PELA AUTO-SUGESTÃO CONSCIENTE
Emile Coué
114. O MULATO
Aluísio Azevedo
115. SONETOS
Florbela Espanca
116. UMA ESTADIA NO INFERNO / POEMAS / CARTA DO VIDENTE
Arthur Rimbaud
117. VÁRIAS HISTÓRIAS
Machado de Assis
118. FÉDON
Platão
119. POESIAS
Olavo Bilac
120. A CONDUTA PARA A VIDA
Ralph Waldo Emerson
121. O LIVRO VERMELHO
Mao Tsé-Tung
122. ORAÇÃO AOS MOÇOS
Rui Barbosa
123. OTELO, O MOURO DE VENEZA
William Shakespeare
124. ENSAIOS
Ralph Waldo Emerson
125. DE PROFUNDIS / BALADA DO CÁRCERE DE READING
Oscar Wilde
126. CRÍTICA DA RAZÃO PRÁTICA
Immanuel Kant
127. A ARTE DE AMAR
Ovídio Naso
128. O TARTUFO OU O IMPOSTOR
Molière
129. METAMORFOSES
Ovídio Naso
130. A GAIA CIÊNCIA
Friedrich Nietzsche
131. O DOENTE IMAGINÁRIO
Molière
132. UMA LÁGRIMA DE MULHER
Aluísio Azevedo
133. O ÚLTIMO ADEUS DE SHERLOCK HOLMES
Sir Arthur Conan Doyle
134. CANUDOS - DIÁRIO DE UMA EXPEDIÇÃO
Euclides da Cunha
135. A DOUTRINA DE BUDA
Siddharta Gautama
136. TAO TE CHING
Lao-Tsé
137. DA MONARQUIA / VIDA NOVA
Dante Alighieri
138. A BRASILEIRA DE PRAZINS
Camilo Castelo Branco
139. O VELHO DA HORTA/QUEM TEM FARELOS?/AUTO DA ÍNDIA
Gil Vicente
140. O SEMINARISTA
Bernardo Guimarães
141. O ALIENISTA / CASA VELHA
Machado de Assis
142. SONETOS
Manuel du Bocage
143. O MANDARIM
Eça de Queirós
144. NOITE NA TAVERNA / MACÁRIO
Alvares de Azevedo
145. VIAGENS NA MINHA TERRA
Almeida Garrett
146. SERMÕES ESCOLHIDOS
Padre Antonio Vieira
147. OS ESCRAVOS
Castro Alves
148. O DEMÔNIO FAMILIAR
José de Alencar
149. A MANDRÁGORA / BELFAGOR, O ARQUIDIABO
Maquiavel
150. O HOMEM
Aluísio Azevedo
151. ARTE POÉTICA
Aristóteles
152. A MEGERA DOMADA
William Shakespeare
153. ALCESTE/ELECTRA/HIPÓLITO
Eurípedes
154. O SERMÃO DA MONTANHA
Huberto Rohden
155. O CABELEIRA
Franklin Távora
156. RUBÁIYÁT
Omar Khayyám
157. LUZIA-HOMEM
Domingos Olímpio
158. A CIDADE E AS SERRAS
Eça de Queirós
159. A RETIRADA DA LAGUNA
Visconde de Taunay
160. A VIAGEM AO CENTRO DA TERRA
Júlio Verne
161. CARAMURU
Frei Santa Rita Durão
162. CLARA DOS ANJOS
Lima Barreto
163. MEMORIAL DE AIRES
Machado de Assis
164. BHAGAVAD GITA
Krishna
165. O PROFETA
Khalil Gibran
166. AFORISMOS
Hipócrates
167. KAMA SUTRA
Vatsyayana
168. HISTÓRIAS DE MOWGLI
Rudyard Kipling
169. DE ALMA PARA ALMA
Huberto Rohden
170. ORAÇÕES
Cícero
171. SABEDORIA DAS PARÁBOLAS
Huberto Rohden
172. SALOMÉ
Oscar Wilde
173. DO CIDADÃO
Thomas Hobbes
174. PORQUE SOFREMOS
Huberto Rohden
175. EINSTEIN: O ENIGMA DO UNIVERSO
Huberto Rohden
176. A MENSAGEM VIVA DO CRISTO
Huberto Rohden
177. MAHATMA GANDHI
Huberto Rohden
178. A CIDADE DO SOL
Tommaso Campanella
179. SETAS PARA O INFINITO
Huberto Rohden
180. A VOZ DO SILÊNCIO
Helena Blavatsky
181. FREI LUÍS DE SOUSA
Almeida Garrett
182. FÁBULAS
Esopo
183. CÂNTICO DE NATAL/ OS CARRILHÕES
Charles Dickens
184. CONTOS
Eça de Queirós
185. O PAI GORIOT
Honoré de Balzac
186. NOITES BRANCAS E OUTRAS HISTÓRIAS
Dostoiévski
187. MINHA FORMAÇÃO
Joaquim Nabuco
188. PRAGMATISMO
William James
189. DISCURSOS FORENSES
Enrico Ferri
190. MEDEIA
Eurípedes
191. DISCURSOS DE ACUSAÇÃO
Enrico Ferri
192. A IDEOLOGIA ALEMÃ
Marx & Engels
193. PROMETEU ACORRENTADO
Esquilo
194. IAIÁ GARCIA
Machado de Assis
195. DISCURSOS NO INSTITUTO DOS ADVOGADOS BRASILEIROS / DISCURSO NO COLÉGIO ANCHIETA
Rui Barbosa
196. ÉDIPO EM COLONO
Sófocles
197. A ARTE DE CURAR PELO ESPÍRITO
Joel S. Goldsmith
198. JESUS, O FILHO DO HOMEM
Khalil Gibran
199. DISCURSO SOBRE A ORIGEM E OS FUNDAMENTOS DA DESIGUALDADE ENTRE OS HOMENS
Jean-Jacques Rousseau
200. FÁBULAS
La Fontaine
201. O SONHO DE UMA NOITE DE VERÃO
William Shakespeare

202. Maquiavel, o Poder
    José Nivaldo Junior
203. Ressurreição
    Machado de Assis
204. O Caminho da Felicidade
    Huberto Rohden
205. A Velhice do Padre Eterno
    Guerra Junqueiro
206. O Sertanejo
    José de Alencar
207. Gitanjali
    Rabindranath Tagore
208. Senso Comum
    Thomas Paine
209. Canaã
    Graça Aranha
210. O Caminho Infinito
    Joel S. Goldsmith
211. Pensamentos
    Epicuro
212. A Letra Escarlate
    Nathaniel Hawthorne
213. Autobiografia
    Benjamin Franklin
214. Memórias de Sherlock Holmes
    Sir Arthur Conan Doyle
215. O Dever do Advogado /
    Posse de Direitos Pessoais
    Rui Barbosa
216. O Tronco do Ipê
    José de Alencar
217. O Amante de Lady Chatterley
    D. H. Lawrence
218. Contos Amazônicos
    Inglês de Souza
219. A Tempestade
    William Shakespeare
220. Ondas
    Euclides da Cunha
221. Educação do Homem Integral
    Huberto Rohden
222. Novos Rumos para a Educação
    Huberto Rohden
223. Mulherzinhas
    Louise May Alcott
224. A Mão e a Luva
    Machado de Assis
225. A Morte de Ivan Ilicht / Senhores e Servos
    Leon Tolstói
226. Álcoois e Outros Poemas
    Apollinaire
227. Pais e Filhos
    Ivan Turguêniev
228. Alice no País das Maravilhas
    Lewis Carroll
229. À Margem da História
    Euclides da Cunha
230. Viagem ao Brasil
    Hans Staden
231. O Quinto Evangelho
    Tomé
232. Lorde Jim
    Joseph Conrad
233. Cartas Chilenas
    Tomás Antônio Gonzaga
234. Odes Modernas
    Antero de Quental
235. Do Cativeiro Babilônico da Igreja
    Martinho Lutero
236. O Coração das Trevas
    Joseph Conrad
237. Thais
    Anatole France
238. Andrómaca / Fedra
    Racine
239. As Catilinárias
    Cícero
240. Recordações da Casa dos Mortos
    Dostoiévski
241. O Mercador de Veneza
    William Shakespeare
242. A Filha do Capitão / A Dama de Espadas
    Aleksandr Púchkin
243. Orgulho e Preconceito
    Jane Austen
244. A Volta do Parafuso
    Henry James
245. O Gaúcho
    José de Alencar
246. Tristão e Isolda
    Lenda Medieval Celta de Amor
247. Poemas Completos de Alberto Caeiro
    Fernando Pessoa
248. Maiakóvski
    Vida e Poesia
249. Sonetos
    William Shakespeare
250. Poesia de Ricardo Reis
    Fernando Pessoa
251. Papéis Avulsos
    Machado de Assis
252. Contos Fluminenses
    Machado de Assis
253. O Bobo
    Alexandre Herculano
254. A Oração da Coroa
    Demóstenes
255. O Castelo
    Franz Kafka
256. O Trovejar do Silêncio
    Joel S. Goldsmith
257. Alice na Casa dos Espelhos
    Lewis Carrol
258. Miséria da Filosofia
    Karl Marx
259. Júlio César
    William Shakespeare
260. Antônio e Cleópatra
    William Shakespeare
261. Filosofia da Arte
    Huberto Rohden
262. A Alma Encantadora das Ruas
    João do Rio
263. A Normalista
    Adolfo Caminha
264. Pollyanna
    Eleanor H. Porter
265. As Pupilas do Senhor Reitor
    Júlio Diniz
266. As Primaveras
    Casimiro de Abreu
267. Fundamentos do Direito
    Léon Duguit
268. Discursos de Metafísica
    G. W. Leibniz
269. Sociologia e Filosofiia
    Emile Durkheim
270. Cancioneiro
    Fernando Pessoa
271. A Dama das Camélias
    Alexandre Dumas (filho)
272. O Divórcio /
    As Bases da Fé /
    e outros textos
    Rui Barbosa
273. Pollyanna Moça
    Eleanor H. Porter
274. O 18 Brumário de Luís Bonaparte
    Karl Marx
275. Teatro de Machado de Assis
    Antologia
276. Cartas Persas
    Montesquieu
277. Em Comunhão com Deus
    Huberto Rohden
278. Razão e Sensibilidade
    Jane Austen
279. Crônicas Selecionadas
    Machado de Assis
280. Histórias da Meia-Noite
    Machado de Assis
281. Cyrano de Bergerac
    Edmond Rostand
282. O Maravilhoso Mágico de Oz
    L. Frank Baum
283. Trocando Olhares
    Florbela Espanca
284. O Pensamento Filosófico da Antiguidade
    Huberto Rohden
285. Filosofia Contemporânea
    Huberto Rohden
286. O Espírito da Filosofia Oriental
    Huberto Rohden
287. A Pele do Lobo /
    O Badejo / o Dote
    Artur Azevedo
288. Os Bruzundangas
    Lima Barreto
289. A Pata da Gazela
    José de Alencar
290. O Vale do Terror
    Sir Arthur Conan Doyle
291. O Signo dos Quatro
    Sir Arthur Conan Doyle
292. As Máscaras do Destino
    Florbela Espanca
293. A Confissão de Lúcio
    Mário de Sá-Carneiro
294. Falenas
    Machado de Assis
295. O Uraguai /
    A Declamação Trágica
    Basílio da Gama
296. Crisálidas
    Machado de Assis
297. Americanas
    Machado de Assis
298. A Carteira de Meu Tio
    Joaquim Manuel de Macedo
299. Catecismo da Filosofia
    Huberto Rohden
300. Apologia de Sócrates
    Platão (Edição bilingue)
301. Rumo à Consciência Cósmica
    Huberto Rohden
302. Cosmoterapia
    Huberto Rohden
303. Bodas de Sangue
    Federico García Lorca
304. Discurso da Servidão Voluntária
    Etienne de La Boétie

305. Categorias
    Aristóteles
306. Manon Lescaut
    Abade Prévost
307. Teogonia /
    Trabalho e Dias
    Hesíodo
308. As Vítimas-Algozes
    Joaquim Manuel de Macedo
309. Persuasão
    Jane Austen
310. Agostinho - Huberto Rohden
311. Roteiro Cósmico
    Huberto Rohden
312. A Queda dum Anjo
    Camilo Castelo Branco
313. O Cristo Cósmico e os
    Essênios - Huberto Rohden
314. Metafísica do Cristianismo
    Huberto Rohden
315. Rei Édipo - Sófocles
316. Livro dos Provérbios
    Salomão
317. Histórias de Horror
    Howard Phillips Lovecraft
318. O Ladrão de Casaca
    Maurice Leblanc
319. Til
    José de Alencar

Série Ouro
(Livros com mais de 400 p.)

1. Leviatã
    Thomas Hobbes
2. A Cidade Antiga
    Fustel de Coulanges
3. Crítica da Razão Pura
    Immanuel Kant
4. Confissões
    Santo Agostinho
5. Os Sertões
    Euclides da Cunha
6. Dicionário Filosófico
    Voltaire
7. A Divina Comédia
    Dante Alighieri
8. Ética Demonstrada à
    Maneira dos Geômetras
    Baruch de Spinoza
9. Do Espírito das Leis
    Montesquieu
10. O Primo Basílio
    Eça de Queirós
11. O Crime do Padre Amaro
    Eça de Queirós
12. Crime e Castigo
    Dostoiévski
13. Fausto
    Goethe
14. O Suicídio
    Émile Durkheim
15. Odisseia
    Homero
16. Paraíso Perdido
    John Milton
17. Drácula
    Bram Stoker
18. Ilíada
    Homero
19. As Aventuras de
    Huckleberry Finn
    Mark Twain
20. Paulo – O 13º Apóstolo
    Ernest Renan
21. Eneida
    Virgílio
22. Pensamentos
    Blaise Pascal
23. A Origem das Espécies
    Charles Darwin
24. Vida de Jesus
    Ernest Renan
25. Moby Dick
    Herman Melville
26. Os Irmãos Karamazovi
    Dostoiévski
27. O Morro dos Ventos
    Uivantes
    Emily Brontë
28. Vinte Mil Léguas
    Submarinas
    Júlio Verne
29. Madame Bovary
    Gustave Flaubert
30. O Vermelho e o Negro
    Stendhal
31. Os Trabalhadores do Mar
    Victor Hugo
32. A Vida dos Doze Césares
    Suetônio
33. O Moço Loiro
    Joaquim Manuel de Macedo
34. O Idiota
    Dostoiévski
35. Paulo de Tarso
    Huberto Rohden
36. O Peregrino
    John Bunyan
37. As Profecias
    Nostradamus
38. Novo Testamento
    Huberto Rohden
39. O Corcunda de Notre Dame
    Victor Hugo
40. Arte de Furtar
    Anônimo do século XVII
41. Germinal
    Émile Zola
42. Folhas de Relva
    Walt Whitman
43. Ben-Hur — Uma História
    dos Tempos de Cristo
    Lew Wallace
44. Os Maias
    Eça de Queirós
45. O Livro da Mitologia
    Thomas Bulfinch
46. Os Três Mosqueteiros
    Alexandre Dumas
47. Poesia de
    Álvaro de Campos
    Fernando Pessoa
48. Jesus Nazareno
    Huberto Rohden
49. Grandes Esperanças
    Charles Dickens
50. A Educação Sentimental
    Gustave Flaubert
51. O Conde de Monte Cristo
    (Volume I)
    Alexandre Dumas
52. O Conde de Monte Cristo
    (Volume II)
    Alexandre Dumas
53. Os Miseráveis (Volume I)
    Victor Hugo
54. Os Miseráveis (Volume II)
    Victor Hugo
55. Dom Quixote de
    La Mancha (Volume I)
    Miguel de Cervantes
56. Dom Quixote de
    La Mancha (Volume II)
    Miguel de Cervantes
57. As Confissões
    Jean-Jacques Rousseau
58. Contos Escolhidos
    Artur Azevedo
59. As Aventuras de Robin Hood
    Howard Pyle
60. Mansfield Park
    Jane Austen